telc

Common European Framework of Reference A2

W0377696

Einfach gut!

Deutsch für die Integration A2

Lehrerhandbuch

Ines Hälbig
Gabriele Hoff-Nabhani

telc gGmbH
Frankfurt am Main

Einfach gut! Lehrerhandbuch A2

Autorinnen: Ines Hälbig, Gabriele Hoff-Nabhani
Phonetik: Franca Malcharowitz, Anni Müller

Fotografie: Jan Kocovski
Layout und Satz: Martina Weismann
Druck: Petermann GZW

Alle Drucke dieser Auflage sind inhaltlich unverändert
und können daher im Kurs nebeneinander verwendet werden.

1. Auflage 2016

www.telc.net

telc Order-Nr.: 4003-HAC-1601A
ISBN: 978-3-946447-13-9

Verwendete Abkürzungen

AB Arbeitsbuch
EA Einzelarbeit
GA Gruppenarbeit
HV Hörverstehen
KAB Kurs- und Arbeitsbuch
KB Kursbuch
KL Kursleitende
PA Partnerarbeit
PL Plenum
TN Teilnehmende

EINFÜHRUNG

Liebe Kursleiterinnen und Kursleiter,

wir freuen uns, dass Sie *Einfach gut!* in Ihrem Unterricht einsetzen. Dieser Leitfaden enthält:

- Informationen zu Aufbau und Konzept des Lehrwerks
- detaillierte Hinweise zur Arbeit mit den einzelnen Lektionen im Unterricht
- Vorschläge für zusätzliche Übungs- und Variationsmöglichkeiten
- Tipps zur Binnendifferenzierung
- Tipps zu den Prüfungen
- Lösungen zu den Übungen im Kursbuch
- Transkriptionen der Hörtexte im Kursbuch

Schauen Sie auch auf unserer Webseite vorbei. Unter https://www.telc.net/einfach-machen.html finden Sie zusätzlich immer aktuelle Informationen und Materialien.

Wir wünschen Ihnen und Ihren Kursteilnehmerinnen und -teilnehmern viel Spaß mit *Einfach gut!*

Ihr telc Team

Zielgruppe

Einfach gut! wurde speziell für den Einsatz in Integrationskursen entwickelt. Es eignet sich für Erwachsene und junge Erwachsene ab ca. 16 Jahren, die keine oder nur geringe Deutschkenntnisse haben.

Lerngewohnte Teilnehmerinnen und Teilnehmer können mit *Einfach gut!* schnell Fortschritte machen. Damit kommen wir all denjenigen entgegen, die einen zügigen Einstieg ins Berufsleben anstreben. Mit etwas mehr Zeit und zusätzlichen Impulsen können auch nicht-lerngewohnte Teilnehmerinnen und Teilnehmer sehr erfolgreich mit dem Lehrwerk arbeiten. Sprachstrukturen werden nach der ersten Einführung häufig noch einmal in einer späteren Lektion aufgegriffen, um sie zu vertiefen und auch schwächeren Lernenden die Chance zu geben, sich wichtige grammatikalische Phänomene zu erarbeiten. *Einfach gut!* bietet außerdem vielfältige Möglichkeiten zur Binnendifferenzierung. Konkrete Hinweise dazu finden Sie im Abschnitt *Tipps zu den Lektionen 1–12.*

Einfach gut! ist sowohl für erfahrene als auch für unerfahrene Lehrkräfte geeignet. Durch den übersichtlichen und klar strukturierten Aufbau des Buches ist der Einsatz im Unterricht ohne große Vorbereitung möglich.

Aufbau des Lehrwerks

Einfach gut! ist ein dreistufiges Lehrwerk bestehend aus sechs Bänden:

- Band A1.1 und A1.2 führen zum Niveau A1
- Band A2.1 und A2.2 führen zum Niveau A2
- Band B1.1 und B1.2 führen zum Niveau B1

Das Kursbuch

Kurs- und Arbeitsbuch sind jeweils in einem Band zusammengefasst. Der erste Teil ist das Kursbuch. Pro Band enthält *Einfach gut!* **sechs Lektionen**, die alle eine einheitliche Struktur haben. Jede Lektion enthält

- **eine Einstiegsseite,** die einen flexiblen, spontanen Zugang zum Thema der Lektion ermöglicht,
- **drei Doppelseiten,** auf denen der neue Lernstoff in lebendigen Alltagssituationen präsentiert und geübt wird,
- **eine Übersichtsseite**, die einen Überblick über relevanten Wortschatz und wichtige Grammatikthemen gibt.

Die Lösungen zu den Übungen im Kursbuch und die Transkriptionen der Hörtexte finden Sie in diesem Leitfaden hinten. Im Buch sind sie nicht enthalten. Natürlich spricht nichts dagegen, dass Sie ihrer Lerngruppe Kopien der Hörtexte zur Verfügung stellen, aber im Unterricht sollen sich die TN zunächst so mit den Übungen auseinandersetzen, wie sie ursprünglich angelegt sind. Die Tonmaterialien für die Hörübungen im Kursbuch können Sie auf unserer Webseite herunterladen.

Das Arbeitsbuch

Im Arbeitsbuch finden Sie vertiefende Übungen zu den einzelnen Lektionen im Kursbuch, inklusive Lernwortschatz, und einen Übungsteil zur Phonetik.

Der Übungsteil zur Phonetik ist bewusst separat gehalten, um Lehrkräften die Möglichkeit zu konzentriertem **Aussprachetraining** zu geben. Um den TN die nötige Sicherheit beim Sprechen zu geben, werden auf der Stufe A2 gezielt Laute und Lautkombinationen geübt, die den TN noch schwer fallen. Der Übungsteil zur Aussprache bietet nicht nur Übersichten zum Lautinventar des Deutschen, sondern vor allem auch kommunikative Übungen zur Bewusstmachung der wichtigsten phonetischen Phänomene. Entscheiden Sie selbst, an welchen Punkten im Unterricht Sie die Übungen einsetzen möchten. Das Vokabular ist nicht in jedem Fall bekannt; machen Sie Ihre TN darauf aufmerksam, dass es hier in erster Linie um Aussprache geht und daher nicht jedes Wort inhaltlich verstanden werden muss.

Viele TN werden sich auch eigenständig mit den Phonetik-Übungen beschäftigen wollen. Nicht jede Übung eignet sich zum Selbststudium, aber die im Buch integrierte Audio-CD kann sehr gut immer wieder einmal abgehört werden, um ein Gefühl für den Klang der deutschen Sprache zu entwickeln.

Die **vertiefenden Übungen** im Arbeitsbuchteil dienen dazu, die Inhalte der Lektionen zu festigen und zu erweitern. Die Übungen sind den Aufgaben im Kursbuch zugeordnet und durch Verweise eng miteinander verknüpft. Das Arbeitsbuch unterscheidet sich vom Kursbuch darin, dass sich die Aufgaben zur eigenständigen Arbeit am Stoff eignen. Deshalb sind die Audio-CDs mit den Tonmaterialien, die Transkriptionen der Hörtexte sowie die Lösungen zu den Übungen im Buch enthalten.

Am Ende jeder Lektion des Arbeitsbuches steht der **Lernwortschatz**, eine Liste mit dem wichtigsten A2-Wortschatz zum jeweiligen Themenbereich. Ermutigen Sie die TN, den freien Platz zum Schreiben eigener Anwendungsbeispiele zu nutzen. Der Lernwortschatz hilft den TN, sich bewusst und eigenständig mit dem Aufbau ihres Vokabulars zu beschäftigen. Auf eine vollständige Wortschatzliste wurde in diesem Buch verzichtet. So eine Liste ist eher relevant für Kursleitende und wird dementsprechend zum Download angeboten.

Prüfungsvorbereitung

Die Bände A2.1 und A2.2 enthalten jeweils zwei **Zwischentests**, die die TN mit typischen telc Prüfungsaufgaben vertraut machen und auf den Übungstest *Start Deutsch 2/telc Deutsch A2* vorbereiten. Die Aufgaben sollten im Unterricht in Einzelarbeit bearbeitet und anschließend ausführlich besprochen werden.

Band A2.2 enthält zusätzlich zu den Zwischentests einen kompletten **Übungstest** *Start Deutsch 2/telc Deutsch A2*, der die „richtige" Prüfung exakt abbildet. Bevor Sie den Übungstest durchführen, machen Sie die TN mit dem Format der Prüfung und dem Antwortbogen vertraut. Das gibt Sicherheit und spart später in der Prüfung Zeit. Erklären Sie, dass die Prüfungsteile und die Aufgabentypen immer gleich sind. Auch der Antwortbogen sieht immer so aus, wie im Buch abgebildet. Das Markieren der Lösungen kann daher im Vorfeld gut geübt werden. Die TN sollen wissen, dass sie in der Prüfung keine Überraschungen befürchten müssen. Um die Gruppe optimal auf die Prüfung vorzubereiten, bietet es sich an, einen Übungstest unter Prüfungsbedingungen durchzuführen. Hinweise dazu finden Sie im Teil *Tipps zu den Prüfungen.*

TN, die keine Prüfung ablegen wollen, können die Zwischentests und den Übungstest zur Wiederholung und Leistungskontrolle nutzen.

Der Anhang

Im Anhang finden Sie eine **Grammatikübersicht**, in der alle Grammatikthemen des Buches zusammengefasst sind. Die Übersichten und Beispiele eignen sich gut zum schnellen Nachschlagen. Damit auch weniger grammatikaffine Lerner mit den Übersichten arbeiten können, werden keine Regeln formuliert, sondern die Strukturen nach Möglichkeit so dargestellt, dass ihre Logik erschlossen werden kann.

Downloads und Online-Materialien

Um Lehrkräfte bestmöglich zu unterstützen, bieten wir auf unserer Internetseite Zusatzmaterialien an, die Sie kostenlos herunterladen können. Das Angebot wird in regelmäßigen Abständen aktualisiert und erweitert.

Zeitrahmen

Für jedes Niveau sind etwa 170 Unterrichtseinheiten vorgesehen:

- 10 UE pro Lektion im Kursbuch,
- 3 UE pro Lektion im Arbeitsbuch plus Aussprachetraining,
- 13 UE für die Prüfungsvorbereitung,
- Hinzu kommen Aussprachetraining, Zwischentests, Wiederholungen etc.

Aufbau der Lektionen

Die Einstiegsseite

- macht die TN mit dem Thema der Lektion bekannt,
- stellt erste Wörter und Redemittel aus dem neuen Themenbereich vor,
- weckt das Interesse und aktiviert das lebensweltliche Vorwissen der Lernenden,
- entlastet den Lernstoff in der Lektion,
- ermöglicht einen individuellen und flexiblen Einstieg in das Thema.

Der Einstieg geschieht hauptsächlich **über Bilder, die Emotionen hervorrufen und/oder Assoziationen auslösen**. Das Ziel ist es, die TN zum Sprechen zu bringen und Vorkenntnisse zu aktivieren. Die Wörter und Redemittel auf der Seite helfen dabei.

Sollten die TN wenig eigene Ideen haben, unterstützen Sie sie mit einfachen **Fragen** wie *Was sehen Sie auf den Fotos? In welcher Situation sind die Personen? Was passiert wohl als nächstes?*. Je größer die Ausdrucksmöglichkeiten der TN werden, desto vielfältiger darf auch Ihr Fragenrepertoire sein. Ermutigen Sie die Gruppe zunehmend, auch *über persön*liche Erfahrungen und Beobachtungen zu sprechen: *Kennen Sie ähnliche Situationen? Ist das in Ihrem Land auch so?* Auf diese Weise kommen authentische Gespräche zustande, die für viele TN ein Motivationsschub sind. Um einen spontanen, assoziativen Einstieg in das Thema zu ermöglichen, sollten sich die TN **frei äußern** können. Wir empfehlen deshalb, in dieser Phase nur Fehler zu korrigieren, die zu Missverständnissen oder einem Scheitern der Kommunikation führen.

Die Lektionsseiten

Auf die Einstiegsseite folgen drei Doppelseiten, auf denen

- der neue Lernstoff (Grammatik, Wortschatz, Strategien) vorgestellt und geübt wird,
- die vier Fertigkeiten (Sprechen, Schreiben, Hören und Lesen) systematisch trainiert werden.

Die Doppelseiten sind in sich abgeschlossen und bauen aufeinander auf. Das Lektionsthema ist für alle gleich, sie haben aber **jeweils einen anderen inhaltlichen Schwerpunkt**. In der Kopfzeile sehen Sie, um was es auf der jeweiligen Doppelseite geht.

Neue Grammatik oder Strukturen werden immer anhand eines Beispiels vorgestellt. Meistens handelt es sich um einen kurzen Text (oft mit Einsetzübung), der den Lernstoff in einem alltagsnahen Kontext präsentiert. Darunter oder daneben finden Sie einen Grammatikkasten, der die neuen Strukturen noch einmal isoliert, also aus dem Kontext herausgelöst, darstellt. Die Information in den Grammatikkästen ist kurz und knapp, um den Blick der TN auf das Wesentliche zu lenken. Die unterschiedlichen Farben helfen dabei, grammatikalische Muster zu erkennen und sich Strukturen bewusst zu machen. Die Grammatik soll allerdings nicht im Mittelpunkt stehen, sondern die Kommunikation unterstützen.

Die Übersichtsseite

Jede Lektion endet mit einer Übersichtsseite. Unter der Überschrift **Sprachbausteine** werden hier noch einmal die wichtigsten Redemittel bzw. Vokabeln aus der Lektion zusammengestellt. Die Übersicht eignet sich gut zum schnellen Nachschlagen, hilft den TN aber auch bei schriftlichen und mündlichen Übungen, in denen sie frei formulieren oder vorgegebene Texte variieren sollen.

Auf der unteren Hälfte der Übersichtsseite wird die **Grammatik** der Lektion zusammengefasst und anhand von Beispielen verdeutlicht. Vertiefende Übersichten zu den einzelnen Grammatikthemen befinden sich – wie oben beschrieben – im Anhang.

KONZEPT

Einfach gut! orientiert sich, wie alle telc Prüfungen auch, am **Gemeinsamen Europäischen Referenzrahmen für Sprachen** (GER) und entspricht **den curricularen Vorgaben und Handlungsfeldern des Bundesamtes für Migration und Flüchtlinge**.

Auf dem Niveau A2 haben wir die hervorgehobenen Handlungsfelder besonders berücksichtigt:

Übersicht über die Handlungsfelder:	Übergreifende Handlungsfelder:
Ämter und Behörden	Umgang mit der Migrationssituation
Arbeit	**Realisierung von Gefühlen, Haltungen und Meinungen**
Arbeitssuche	Umgang mit Dissens und Konflikten
Aus- und Weiterbildung	**Gestaltung sozialer Kontakte**
Banken und Versicherungen	Umgang mit dem eigenen Sprachenlernen
Betreuung und Ausbildung der Kinder	
Einkaufen	
Gesundheit	
Mediennutzung	
Mobilität	
Unterricht	
Wohnen	

In Zusammenarbeit mit erfahrenen Kursleiterinnen und Kursleitern haben wir **realitätsnahe Themen** ausgewählt, die der Lebenswirklichkeit der TN entsprechen und ihnen helfen, ihren Alltag in Deutschland selbstständig zu meistern. Dabei muss man allerdings berücksichtigen, dass die Lerngruppen in den meisten Integrationskursen nicht einheitlich sind. Die TN kommen aus unterschiedlichen Herkunftsländern, bringen unterschiedliche Voraussetzungen mit und haben verschiedene Beweggründe für die Migration. Dieser Vielfalt haben wir so gut es geht Rechnung getragen.

Da die **berufliche Integration** stark an Bedeutung gewonnen hat und für viele TN ein wichtiges persönliches Ziel darstellt, kommt dem Thema Arbeitsleben/Beruf in *Einfach gut!* ein besonderer Stellenwert zu. Auf der Stufe A1 wurden die TN bereits in Lektion 8 erstmalig an das Thema herangeführt. Auf der Stufe A2 wird es gleich an zwei Stellen – in Lektionen 6 und 8 – wieder aufgegriffen und ausgebaut.

Einfach gut! zeichnet sich durch eine klare Zielsetzung, Methodenvielfalt und einen ausgeprägten Anwendungsbezug aus. Die wichtigsten didaktischen Kriterien sind:

- **Kommunikativer Ansatz:** *Einfach gut!* unterstützt einen handlungsorientierten, kommunikativen Unterricht und fördert die freie Kommunikation.
- **Aussprachetraining:** Gezielte Phonetik-Übungen fördern die Entwicklung einer natürlichen Intonation und Aussprache.
- **Vermittlung landeskundlicher und kultureller Informationen:** Neben sprachlichen Fähigkeiten vermittelt *Einfach gut!* wichtiges Sachwissen, das den TN das Leben in Deutschland erleichtert.

- **Training der Fertigkeiten Hören, Lesen, Sprechen und Schreiben:** Anhand von realitätsnahen Alltagssituationen entwickeln die TN systematisch ihre produktiven und rezeptiven Fertigkeiten.
- **Vielfältige Übungsformen:** Die Vielfalt der Übungen fördert die Aufmerksamkeit und kommt unterschiedlichen Lerntypen entgegen.
- **Motivation durch klare Zielsetzung:** Die ersten beiden Bände von *Einfach gut!* führen zur Prüfung *Start Deutsch 2/telc Deutsch A2.* Damit haben die TN ein greifbares Ziel, auf das es sich hinzuarbeiten lohnt.

Die vier Fertigkeiten

Die rezeptiven Fertigkeiten: Hören und Lesen

Im rezeptiven Bereich werden Sie immer wieder auf Texte stoßen, die über Niveau liegen. Dies entspricht dem Alltag der TN, die daher (auch) im Kurs üben sollten, mit komplexeren, noch nicht in Gänze verständlichen Äußerungen umzugehen. Die Lernenden werden sehen, dass sie aus der situativen Einbettung heraus auch mit beschränkten sprachlichen Mitteln vieles erschließen können.

Hören

Übungen zum Hörverstehen sind durch **Lautsprecher-Piktogramme** gekennzeichnet. Die Track-Nummer daneben ermöglicht es Ihnen, den entsprechenden Text direkt anzusteuern.

Die Hörtexte sind **vorwiegend persönliche Gespräche**, es kommen aber auch Telefongespräche, öffentliche Durchsagen (z. B. am Bahnhof), Wetterberichte, und kurze Vorträge vor. Die meisten Gespräche finden **im privaten Umfeld** (z. B. zwischen Freunden) oder **im öffentlichen Bereich** (z. B. zwischen Arzt und Patient oder Kunde und Verkäufer) statt..

Die Hörübungen basieren auf den **GER-Deskriptoren für das Niveau A2**:

- Kann im Allgemeinen das Thema von Gesprächen, die in seiner/ihrer Gegenwart geführt werden, erkennen, wenn langsam und deutlich gesprochen wird.
- Versteht genug, um Bedürfnisse konkreter Art befriedigen zu können, sofern deutlich und langsam gesprochen wird.
- Kann das Wesentliche von kurzen, klaren und einfachen Mitteilungen und Durchsagen verstehen.

In Textteilen, die für die Lösung der Aufgaben nicht relevant sind, kommt gelegentlich auch Sprachmaterial vor, das über A2-Niveau liegt. Erklären Sie Ihren TN bitte, dass es völlig in Ordnung ist, wenn sie nicht jedes Wort verstehen. Es geht vielmehr darum, **relevante Informationen aus den Hörtexten herauszufiltern** – eine wichtige Fertigkeit, die die TN im Alltag ständig brauchen.

In der Regel sollten die TN die Möglichkeit haben, die **Texte mehrmals** zu **hören**. Das gibt Sicherheit und fördert das Verständnis. Außerdem bleiben wichtige Redemittel besser im Gedächtnis und die Lernenden entwickeln ein besseres Gefühl für die Intonation und Aussprache. Wie oft ein Text gehört werden sollte, richtet sich nach den Bedürfnissen der Gruppe.

Die **Transkriptionen der Hörtexte** aus dem Kursbuch sind in diesem Leitfaden enthalten, nicht aber im Kursteil. Wir möchten damit erreichen, dass die TN die Texte zunächst wirklich nur hören und nicht gleichzeitig mitlesen. So wird das Hörverstehen optimal geschult.

Nachdem die TN eine Übung zum Hörverstehen abgeschlossen haben, sollten sie ihre **Lösungen** im Kurs **vergleichen und** – wenn nötig – **korrigieren**. Viele fühlen sich von Fehlern schnell entmutigt und haben die

Tendenz, sich auf das zu konzentrieren, was sie NICHT verstehen. Lenken Sie den Blick der TN immer wieder auf das Positive und machen Sie ihnen bewusst, was sie auf der Stufe A2 schon alles verstehen KÖNNEN. Erklären Sie auch, dass es nicht schlimm ist, Fehler zu machen und dass das Hörverständnis sich mit der Übung verbessert.

Um **weiterführende Übungsmöglichkeiten** zu schaffen, spricht nichts dagegen, der Lerngruppe die Transkriptionen der Hörtexte zugänglich zu machen, nachdem die eigentliche Übung beendet ist. Es bietet sich zum Beispiel an, einige Dialoge noch einmal mit verteilten Rollen zu lesen (in Partnerarbeit oder im Plenum). Im Anschluss daran können Rollenspiele sinnvoll sein, in denen die TN die Dialoge auswendig nachspielen. Rollenspiele geben lernstarken TN die Möglichkeit, die Dialoge zu variieren. Schwächere Lerner bleiben nah an der Vorlage und profitieren von der Wiederholung. Alternativ können die TN die Hörtexte auch als Vorlage nutzen, um eigene Dialoge zu schreiben.

Lesen

Die Lese-Übungen basieren auf den **GER-Deskriptoren für das Niveau A2**. Die wichtigsten sind:

- Kann kurze, einfache Texte zu vertrauten, konkreten Themen verstehen, in denen gängige alltags- oder berufsbezogene Sprache verwendet wird.
- Kann konkrete, voraussagbare Informationen in einfachen Alltagstexten auffinden, z. B. in Anzeigen, Prospekten, Speisekarten, Literaturverzeichnissen und Fahrplänen.
- Kann kurze Standardbriefe zu vertrauten Themen verstehen.

Ähnlich wie beim Hörverstehen enthalten die Input-Texte manchmal **Sprachmaterial über A2-Niveau**. Weisen Sie auch hier bitte darauf hin, dass die TN nicht jedes Wort verstehen müssen. Auch wenn ein Text unbekannte Wörter oder Strukturen enthält, können die TN alle relevanten Informationen verstehen und die Aufgabe lösen.

Manche Lerner sind trotzdem frustriert, wenn sie etwas nicht verstehen und werden versuchen, jedes unbekannte Wort nachzuschlagen. Wir empfehlen deshalb, besonders **wichtige Wörter und Redemittel** gesondert **hervorzuheben** (z. B. an die Tafel schreiben). Das hilft den TN, sich nicht zu verzetteln.

Leiten Sie Ihre Lerngruppe außerdem so früh wie möglich dazu an, die **Bedeutung unbekannter Wörter** aus dem Kontext zu **erraten**. Das ist eine nützliche Strategie, die ihnen bei der Bewältigung vieler Alltagssituationen hilft und im Unterricht „nebenbei" immer wieder geübt werden kann.

Für den **Umgang mit den Lesetexten** gibt es mehrere Möglichkeiten. Wenn in der Arbeitsanweisung nichts spezifiziert ist, sollten die TN die Möglichkeit haben, einen Text mehrmals zu lesen.

Variante 1: Oft bietet es sich an, zunächst einzelne Personen zu bitten, den Text laut vorzulesen. Das hat den Vorteil, dass Sie Verständnisschwierigkeiten und Wortfragen sofort klären können. Im Anschluss daran lesen die TN den Text noch einmal still für sich und bearbeiten die dazugehörigen Aufgaben (allein oder zusammen mit der Tischnachbarin oder dem Tischnachbarn).

Variante 2: Alternativ können Sie auch mit der Stillarbeitsphase beginnen. So kann sich jede/r individuell mit dem Text auseinandersetzen und versuchen, Verständnisschwierigkeiten eigenständig zu lösen. Verbleibende Fragen können später im Plenum besprochen werden. Die zweite Variante setzt ein höheres Maß an Selbstständigkeit voraus. Lernungewohnte oder lernschwache Gruppen sind damit schnell überfordert.

Nachdem die TN eine Übung zum Leseverstehen beendet haben, sollten sie sich im Kurs darüber austauschen, was sie verstanden haben und die **Lösungen vergleichen**. Hier gelten die gleichen Überlegungen wie beim Hörverstehen: Versichern Sie den TN, dass es nicht schlimm ist, wenn sie einige Fragen nicht richtig beantwortet haben. Heben Sie stattdessen hervor, was sie schon alles verstehen können.

Als **weiterführende Übungsmöglichkeit** können Sie – sofern das nicht schon durch die Übung im Buch abgedeckt ist – Verständnisfragen zum Text stellen. Wenn möglich, laden Sie die TN auch ein, ihre Meinung zu äußern (z. B. *Wie finden Sie das?*) und über persönliche Erfahrungen (z. B. *Wie ist das bei Ihnen?*) oder Vorlieben (z. B. *Was gefällt Ihnen am besten?*) zu sprechen. Mit solchen Fragen helfen Sie den Lernenden, eine Verbindung zwischen dem Text und ihrer eigenen Lebenswelt herzustellen. Das motiviert, und das Gelernte bleibt besser im Gedächtnis.

Wenn Sie etwas zusätzliche Vorbereitungszeit investieren möchten, können Sie interessante Übungsmöglichkeiten schaffen, indem Sie passendes **authentisches Material** mitbringen (z. B. Informationsbroschüren, Werbeprospekte, Formulare oder Kleinanzeigen).

Die produktiven Fertigkeiten: Sprechen und Schreiben

Sprechen

Alle Lektionen enthalten zahlreiche Sprechanlässe, die die TN auf unterschiedliche kommunikative Situationen im Alltag vorbereiten.

Die mündlichen Übungen orientieren sich an den **GER-Deskriptoren für das Niveau A2**. Die wichtigsten sind:

- Kann sich in einfachen, routinemäßigen Situationen verständigen, in denen es um einen einfachen, direkten Austausch von Informationen und um vertraute Themen und Tätigkeiten geht.
- Kann mit einfachen Mitteln die eigene Herkunft und Ausbildung, die direkte Umgebung und Dinge im Zusammenhang mit unmittelbaren Bedürfnissen beschreiben.
- Kann Fragen stellen und Fragen beantworten sowie auf einfache Feststellungen reagieren.
- Kann sich in sehr kurzen Redebeiträgen verständlich machen, obwohl er/sie offensichtlich häufig stockt und neu ansetzen oder umformulieren muss.
- Kann eine eingeübte, kurze, einfache Präsentation zu einem vertrauten Thema vortragen.

Um die Übungen zu entlasten, werden häufig – ähnlich wie bei den Schreibaufgaben – Wortschatz-Kästen als zusätzliche Kommunikationshilfe angeboten. In vielen Fällen baut eine mündliche Übung auf einer Übung zum Hörverstehen auf. Hier kann der Dialog aus der Hörübung als Vorlage dienen.

Bei den mündlichen Übungen unterscheiden wir zwischen **offenen und gesteuerten Übungen**. Gesteuerte Übungen haben das Ziel, bestimmte Strukturen oder Redemittel zu trainieren. Hier ist Korrektheit gefragt, damit sich die neuen sprachlichen Muster von Anfang an richtig einprägen. Bei offenen Übungsformen ist eine freiere Herangehensweise möglich. Die TN sollten hier die Gelegenheit haben, mit der Sprache zu spielen und verschiedene Ausdrucksmöglichkeiten auszuprobieren. Um den freien Ausdruck zu fördern, empfehlen wir, die TN möglichst wenig zu unterbrechen und nur Fehler, die zu Missverständnissen führen, behutsam zu korrigieren.

In großen Lerngruppen ist es nicht immer einfach, dafür zu sorgen, dass alle TN ausreichende Übungsmöglichkeiten haben. Damit die zurückhaltenden TN nicht „untergehen“, bieten sich Übungen **in Partner- oder Kleingruppenarbeit** an. Die meisten TN haben die Tendenz, immer mit ihren unmittelbaren Tischnachbarinnen oder Tischnachbarn zusammenzuarbeiten. Stellen Sie die Teams ruhig gelegentlich auch anders zusammen.

Das empfinden einige TN zwar als unbequem, aber es hilft ihnen, sich untereinander kennen zu lernen. Bevor Sie die TN in eine Partner- oder Gruppenarbeitsphase schicken, empfehlen wir, die Aufgabe anhand eines Beispiels genau zu erklären oder einmal im Plenum durchzuspielen. So stellen Sie sicher, dass alle verstanden haben, was sie tun sollen. Fragen, die während der Übungsphase entstehen, können Sie individuell beantworten.

Schreiben

Die produktiven Fertigkeiten werden von den TN in der Regel als schwieriger empfunden als die rezeptiven. Das ist normal. Wenn Sie unsicher sind, welche Leistung Sie erwarten dürfen, hilft ein Blick auf **die GER-Deskriptoren für das Niveau A2**. Die wichtigsten sind:

- Kann eine Reihe einfacher Wendungen und Sätze schreiben und mit Konnektoren wie ‚und', ‚aber' oder ‚weil' verbinden.
- Kann einen ganz einfachen persönlichen Brief schreiben, z. B. um sich für etwas zu bedanken.
- Kann in einer Reihe einfacher Sätze über die eigene Familie, die Lebensumstände, den Bildungshintergrund oder die momentane oder vorige berufliche Tätigkeit schreiben.

Auch wenn das Schreiben oft nicht zu den Lieblingsbeschäftigungen der TN gehört, sollte es von Anfang an geübt werden. Das ist besonders für all diejenigen wichtig, die am Ende des Kurses eine **Prüfung** ablegen möchten.

Da die schriftliche Produktion zu Anfang oft schwer fällt, werden in vielen Übungen **zusätzliche Hilfen** angeboten (z. B. Wortschatz-Kästen). Machen Sie Ihre Lerngruppe bitte auf diese Hilfen aufmerksam.

Selbstverständlich können Sie auch im Kurs relevante Wörter und **Formulierungshilfen an der Tafel sammeln** bevor Sie eine Schreibaufgabe beginnen. Für lernschwache Gruppen sollten die Textbausteine größer sein, für lernstarke Gruppen reichen kleine Bausteine oder einzelne Wörter.

Besonders eifrige TN werden versuchen, mit Hilfe eines Wörterbuches komplexe Formulierungen zu Papier zu bringen. Das führt meist zu Frustrationserlebnissen, weil teilweise noch die nötigen Strukturen fehlen, um die Wörter sinnvoll zu verbinden. Raten Sie Ihrer Lerngruppe deshalb, das **Wörterbuch** zur Bearbeitung der Schreibaufgaben nur **sparsam** zu **verwenden**. Alles, was sie für den aktuellen Lernschritt benötigen, finden sie im Buch bzw. an der Tafel.

Das Buch enthält mehrere Schreibaufgaben, in denen **ein kurzer Brief oder eine E-Mail** verfasst werden soll. Dieser Aufgabentyp ist realitätsnah und kommt auch später in der Prüfung vor. Bitte stellen Sie sicher, dass die TN mit den wichtigsten formalen Merkmalen der Textsorte „Brief" vertraut sind. Dazu gehört, dass sie häufig verwendete Anrede- und Grußformeln für informelle und halbformelle Briefe kennen. Am Ende der Stufe A2 sollten die TN selbst jeweils mindestens eine Variante sicher verwenden und fehlerfrei schreiben können.

Die Überprüfung bzw. **Korrektur der Schreibleistung** kann zeitaufwendig sein, aber es gibt auch zeitsparende Alternativen. Im Idealfall lesen Sie sich die Texte durch und machen Verbesserungsvorschläge. Die TN freuen sich über **individuelle Rückmeldungen**. Solange die Texte kurz sind, lässt sich vielleicht manche Korrektur in der Pause machen. Wenn die Zeit dafür nicht reicht und Sie die Texte auch nicht mit nach Hause nehmen möchten, können Sie einzelne Texte exemplarisch im Unterricht korrigieren. Bitten Sie einige TN, ihre Texte an die Tafel zu schreiben. Überlegen Sie dann gemeinsam mit der Gruppe, was gut gelungen ist und was man besser machen kann. Überarbeiten Sie die Texte anschließend, so dass am Ende mehrere gelungene Lösungsmöglichkeiten an der Tafel stehen. Insbesondere für lernschwächere Gruppen kann es hilfreich sein, die **Mustertexte** zusätzlich abzuschreiben. Sie können dann als Vorlage für ähnliche Schreibaufgaben genutzt werden.

Bitte erklären Sie Ihrer Lerngruppe, dass **keine fehlerfreien Texte** erwartet werden. Wichtig ist, dass klar wird, was die Verfasserin oder der Verfasser sagen möchte. Wir empfehlen deshalb, bei der Korrektur einen Unterschied zwischen „kleinen" und „groben" Fehlern zu machen. „Kleine" Fehler (z. B. ein falscher Artikel) beeinträchtigen das Textverständnis nicht, „grobe" Fehler machen die Aussage missverständlich oder unverständlich. Wenn ein TN insgesamt sehr viele Fehler macht, raten wir, zunächst nur die „groben" Fehler zu korrigieren. Zu viele Korrekturen würden den TN überfordern. Bei TN, die ohnehin kaum Fehler machen, können Sie auch Kleinigkeiten verbessern. Musterbriefe, die an die Tafel geschrieben werden, sollten fehlerfrei sein.

Wenn Sie mit Ihrer Lerngruppe zusätzliche **Übungen zur Rechtschreibung** machen möchten, können Sie Lesetexte aus früheren Lektionen als Vorlage für Diktate nutzen. Für diesen Zweck sind einige Texte besser geeignet als andere – vertrauen Sie bei der Auswahl auf Ihre Erfahrung. Bei dieser Übungsform können die TN ihre Schreibleistung selbst überprüfen und korrigieren.

A2 Lektion 1 – Chatten, mailen, sich informieren

Lernziele

Meldungen aus Radio und Internet verstehen und relevante Informationen entnehmen / Sich auf Webseiten zurechtfinden / Verabredungen treffen und darauf reagieren

Einstiegsseite

Die TN sehen sich zunächst die Fotos an und benennen die technischen Geräte, die dort zu sehen sind: *Handy/Smartphone, Tablet/Computer/Laptop*. Nehmen Sie gegebenenfalls auch die Wörter *Tastatur, Monitor/Bildschirm* und *Display* mit auf. Schreiben Sie die Begriffe an die Tafel und machen Sie die TN darauf aufmerksam, dass viele Wörter, die mit modernen Kommunikationsmedien zu tun haben, aus dem Englischen stammen. Vielleicht kennen die TN noch weitere Beispiele (*Flatrate, Download, App, Hotspot, Blog, E-Book, Newsletter* etc.). Erklären Sie, dass englische Verben oft „eingedeutscht" werden, indem sie deutsche Endungen bekommen und dann genauso benutzt werden wie deutsche Verben. Spielen Sie die Konjugation beispielhaft anhand der Verben *chatten* und *mailen* durch. Sie können auch schon das Verb *googeln* vorstellen, das in Aufgabe 1 auf der nächsten Seite vorkommt. Wenn Sie eine englisch-affine Gruppe haben, spricht nichts dagegen, auch Beispiele aus anderen Themenbereichen zu sammeln, z. B. *jobben, (den Ball) kicken, surfen, starten, relaxen.*

Im nächsten Schritt suchen sich die TN eines der Fotos aus und überlegen sich in PA eine kleine Geschichte dazu. TN, die schnell fertig sind, können sich ein weiteres Foto aussuchen. Am Ende stellen die TN ihre Ideen im PL vor. Mögliche Leitfragen zum Einstieg:

- *Wo sind die Personen? Zu Hause? Bei der Arbeit?*
- *Was machen Sie? Informationen suchen?*
  Mit Freunden oder Familie chatten? E-Mails schreiben? Warum machen sie das wohl?
  Was haben sie vor?

Fordern Sie die TN auf, sich eine Situation auszudenken, die erklärt, was auf dem jeweiligen Foto zu sehen ist. Dazu dürfen die TN auch gerne spekulieren, was vorher passiert ist und was möglicherweise als nächstes geschieht. In lernschwachen Gruppen bietet es sich an, gemeinsam ein Beispiel zu erarbeiten. Sehen Sie sich dazu das große Foto an und sagen Sie den TN, dass die Personen Rabia und Miguel heißen. Die TN sollen dann zuerst überlegen, in welcher Beziehung die beiden zueinander stehen. *Sind sie Geschwister, Freunde, oder vielleicht ein (Ehe-)Paar?* Im nächsten Schritt überlegen sie dann, was Rabia und Miguel im Internet machen, z. B. *einen gemeinsamen Urlaub planen, eine Wohnung suchen, unbekannte deutsche Wörter im Online-Wörterbuch nachschlagen, ihre Hochzeit planen.* Erklären Sie unsicheren TN, dass es hier nicht um richtige oder falsche Antworten geht, sondern darum, Ideen zu sammeln und unterschiedliche Möglichkeiten durchzuspielen.

Im Anschluss sollten die TN Gelegenheit haben, über eigene Erfahrungen mit modernen Kommunikationsmedien zu sprechen und eventuell auch ganz praktische Fragen zu klären (z. B. *Wo ist der nächste Handyladen? Wo gibt es kostenloses WLAN in meiner Stadt?*). Die vorgegebenen Fragen im Buch sind lediglich Vorschläge, die Sie nach Bedarf ergänzen oder verändern können. Kommunikationsmedien sind für viele neu Zugewanderte ein wichtiges Thema im Alltag, und Sie werden im Unterrichtsgespräch *schnell* merken, wo Sie Ihre TN „abholen" müssen.

Erste Doppelseite: Schau doch im Internet nach!

KB 1, AB 1–5, 16

Nachdem die TN sich zuvor eigene Gedanken zu den Bildern auf der Einstiegsseite gemacht haben, erfahren sie nun, welche Geschichte wirklich hinter dem großen Foto steckt: Rabia und Miguel suchen Freizeitangebote und Veranstaltungstipps fürs Wochenende.

In Aufgabe 1a lernen die TN einige Wörter und Redemittel zum Thema Internetnutzung kennen. Dazu hören sie einen kurzen Dialog und notieren, wer die vorgegebenen Sätze sagt. Schreiben Sie die wichtigsten Vokabeln noch einmal isoliert an die Tafel: *googeln, auf die (Internet-)Seite gehen, die Startseite, auf … klicken* und ergänzen Sie häufig verwendete Varianten: *Homepage*, *Webseite*. Lassen Sie ausreichend Platz, um die Liste im weiteren Verlauf des Unterrichts fortzuführen.

Bevor Sie zu Aufgabe 1b übergehen, stellen Sie bitte das Verb *nachschauen* vor und wiederholen Sie die trennbaren Verben. Aufgabe 16 im AB bietet eine Reihe von Übungsmöglichkeiten dazu.

Da der Text unter der Überschrift *Stadtzeitung Online* mehrere unbekannte Wörter enthält, bietet es sich an, ihn im Plenum zu erarbeiten. Bitten Sie einzelne TN, den Text abschnittweise vorzulesen. Gehen Sie bei der Erklärung unbekannter Wörter insbesondere auf die Komposita ein. Die TN sollen erkennen, dass man sich „lange" Wörter erschließen kann, indem man sie in kleinere Sinneinheiten zerlegt. Erklären Sie außerdem das Pronomen *man* anhand der Textbeispiele im hellgrün hinterlegten Kasten und mit Hilfe des Grammatikkastens auf Seite 9.

Nachdem die TN einen ersten Zugang zum Text haben, sollten sie die Richtig-/Falsch-Aussagen oben auf Seite 9 eigenständig bearbeiten. Besprechen Sie die Lösungen im PL. Zur Vertiefung des Wortschatzes zum Thema Medien können Sie die Aufgaben 1 und 2 im AB direkt anschließen. Die Aufgaben 2, 4 und 5 im AB können als Hausaufgabe gegeben werden.

KB 2, AB 6

In Aufgabe 2 lernen die TN, einfache Wettervorhersagen zu verstehen. Fragen Sie zum Einstieg *Wie ist das Wetter heute?* und wiederholen Sie relevanten Wortschatz zum Thema Wetter aus Lektion 12 des Buches A1.2. Erinnern Sie die TN bitte auch daran, dass es unterschiedliche Möglichkeiten gibt, über Tageszeiten und Wochentage zu sprechen: *montags/ am Montag, vormittags/am Vormittag.* Schließen Sie eine Übungssequenz an, um sicherzustellen, dass die TN die Begriffe im Satz verwenden können. Dazu bietet es sich an, einfache Fragen zum Tagesablauf zu stellen: *Was machst du abends? Wann telefonierst du mit deiner Schwester in Syrien?*

KB 3

In Aufgabe 3a sollen die TN ihre eigene Meinung zu unterschiedlichen Freizeitangeboten sagen. Dazu beschäftigen sie sich noch einmal mit dem Text *Stadtzeitung Online* auf Seite 8. Durch die Wiederholung vertieft sich das Textverständnis und der neue Wortschatz prägt sich besser ein.

In den Bänden A1.1 und A1.2 haben die TN bereits Redemittel zum Ausdruck von Vorlieben und Abneigungen kennengelernt. Diese werden hier wiederholt und geübt. Bitten Sie die TN, ihre Meinung nach Möglichkeit auch zu begründen. Das kann in ganz einfacher Form geschehen, z. B.: *Ich finde die Radtour gut. Ich fahre gerne Fahrrad.* Schön wäre, wenn Sie zusätzlich zu der Textvorlage im Buch einige aktuelle Veranstaltungstipps aus Ihrer Stadt mitbringen könnten. Ideal sind preiswerte oder kostenlose Veranstaltungen an gut erreichbaren Orten, die die TN auch tatsächlich besuchen können.

Zweite Doppelseite: Wollen wir uns treffen?

KB 4, AB 7, 8

Auf dieser Doppelseite werden die Personalpronomen im Akkustativ vorgestellt. In Aufgabe 4a hören die TN einen Dialog zwischen Rabia und Miguel und ergänzen die fehlenden Wörter. Erklären Sie im Anschluss die Personalpronomen im Singular. Hier bietet es sich an, die Erklärung zunächst am Verb *lieben* aufzuhängen. Wahrscheinlich haben die TN den Satz *Ich liebe dich* schon irgendwo aufgeschnappt. Fragen Sie zum Einstieg, wie man *Ich liebe dich* in ihren Sprachen sagt und leiten Sie dann zum eigentlichen Grammatikthema über:

Miguel liebt Rabia. → *Miguel liebt sie.*
Rabia liebt Miguel. → *Rabia liebt ihn.*

Geben Sie weitere Beispiele, zunächst mit dem Verb *lieben*, dann mit anderen Verben:

- *Liebst du deine Tochter/deinen Mann/dein Kind etc.? – Ja, ich liebe sie/ihn/es.*
- *Kennst du die Frau dort/den Mann da/Angela Merkel/mich/etc.? – Ja, ich kenne …*
- *Siehst du das Buch/das Foto/mein Handy/mich/ etc. – Ja, ich sehe…*

Bevor die TN die Frage in Aufgabe 1b beantworten, sollten sie den Dialog aus 1a noch einmal hören. Lernstarke Gruppen können die Fragen so diskutieren, wie sie im Buch vorgegeben sind. Stellen Sie außerdem das Wort *eifersüchtig* vor. In lernschwachen Gruppen können Sie die Fragen nutzen, um den TN zu helfen, die Geschichte besser zu verstehen: Rabia bekommt eine Mail von einem gewissen Lukas. Miguel kennt ihn nicht und ist eifersüchtig. Machen Sie die Geschichte spannend, um sich die Aufmerksamkeit der TN zu sichern. Das „Geheimnis" um Lukas wird in Aufgabe 1d gelüftet.

Die Aufgaben 1c und 1e im KB sowie 7 und 8 im AB bieten Gelegenheit, die Pronomen zu üben. Nehmen Sie sich im Anschluss an Aufgabe 1c Zeit, um zusätzlich auf das Thema E-Mail- und Internetadressen einzugehen. Erklären Sie häufig verwendete Symbole und üben Sie das Lesen verschiedener Adressen. Aufgabe 1e können Sie erweitern, indem Sie die unterstrichenen Wörter durch andere ersetzen.

KB 5, AB 9

In Aufgabe 5 lernen die TN die Personalpronomen im Plural kennen. Nachdem sie den Dialog in 5a vervollständigt haben, geben Sie einige zusätzliche Beispiele, um das Verständnis zu sichern:

- *Wir kennen Rabia und Miguel.* → *Wir kennen sie.*
- *Rabia und Miguel kennen uns aber nicht.*
- *Angela Merkel kennt euch nicht, aber ich kenne euch. Ich sehe euch immer im Deutschkurs.*

KB 6, AB 10, 11, 12

In dieser Aufgabe arbeiten die TN paarweise zusammen. Sie sollen per Handy Kurznachrichten austauschen und eine Verabredung treffen. In Aufgabe 5c haben sie bereits ein Beispiel gesehen, an dem sie sich orientieren können. Die Sprechblasen im Buch bieten zusätzliche Kommunikationshilfen. In lernschwächeren Gruppen kann es sinnvoll sein, die Aufgabe in kleinere Schritte zu zerlegen: Erarbeiten Sie zuerst im PL ein Beispiel und schreiben Sie wichtige Redemittel und/oder mögliche Frage-Antwort-Kombinationen an die Tafel. Nachdem die TN verstanden haben, was zu tun ist, schreiben sie in PA ihre eigenen Kurznachrichten auf Notizzettel. Gehen Sie im Raum herum und helfen Sie, wenn nötig. Erst danach verschicken die TN ihre Nachrichten per Handy.

Die Aufgaben 10 und 12 im AB können gut zur Wiederholung in der nächsten Stunde genutzt oder als Hausaufgabe gegeben werden. Aufgabe 12 eignet sich zur Binnendifferenzierung und kann von lernstarken TN im Unterricht bearbeitet werden.

Dritte Doppelseite: Was ist in der Stadt los?

KB 7, AB 13, 14, 15

In Aufgabe 7a hören die TN vier kurze Texte und ordnen sie den Bildern zu. Erklären Sie im Anschluss die Indefinitpronomen. Um sich den neuen Lernstoff anzueignen, bearbeiten die TN zunächst Aufgabe 14 im AB. Vergleichen Sie die Lösungen im PL und schließen Sie eine mündliche Übung an, in der die TN in PA Mini-Dialoge variieren. Hier sind zwei Vorschläge:

Dialog 1: In der Stadt

A: *Entschuldigung, ich suche einen Supermarkt/einen Handyladen/eine Bäckerei/eine Apotheke/ein Café. Wo finde ich einen/eine/eins?*

B: *Tut mir leid. Es gibt hier keinen/keine/keins in der Nähe.*

Dialog 2: Im Deutschkurs

A: *Entschuldige, ich brauche einen Kuli/Notizzettel/eine Schere/ein Taschentuch/Buntstifte. Hast du vielleicht einen/eine/eins/welche?*

B: *Es tut mir leid. Ich habe keinen/keine/keins/keine.*

Aufgabe 7b ist eine recht komplexe Zuordnungsaufgabe. Vergewissern Sie sich, dass alle TN wissen, was ein Internetforum ist und erklären Sie, dass es sich bei den Texten 1–5 um Fragen handelt, die verschiedene Nutzer ins Internet gestellt haben. Die Texte a–e auf der nächsten Seite sind Antworten auf die Fragen. Um den TN den Einstieg zu erleichtern, empfiehlt es sich, die einzelnen Texte wieder im Plenum zu lesen und Verständnisfragen sofort zu klären. Weisen Sie die TN außerdem auf Begriffe hin, die häufig auf Internetseiten zu finden sind (*Benutzername, Kennwort/Passwort*) und schreiben Sie diese zu den anderen, die bereits an der Tafel stehen. Im Anschluss ordnen die TN in EA die Fragen und Antworten zu.

In Aufgabe 7c üben die TN noch einmal die Indefinitpronomen. Die Aufgabe dient gleichzeitig als Vorbereitung auf 7d, in der die TN eigene Forumsbeiträge verfassen sollen. Aufgabe 13 im AB kann ebenfalls zur Vorbereitung genutzt werden. Sie hilft den TN, sich in die Situation hineinzudenken und Ideen zu sammeln.

Aufgabe 4d bearbeiten die TN am besten in GA. Lernstarke TN können in größeren Gruppen zusammenarbeiten, schwächere TN in kleineren oder auch nur zu zweit. Bitten Sie zunächst jede/n TN, einen Forumsbeitrag mit einer Fragestellung zu schreiben. Im Buch finden sich Kommunikationshilfen. Wenn alle fertig sind, legen die TN die Texte auf den Tisch. Jede/r sucht sich eine oder mehrere Fragen aus und schreibt eine Antwort dazu.

KB 8

Da „lange Wörter" für viele TN eine Herausforderung sind, werden hier noch einmal die wichtigsten aus dieser Lektion zusammengefasst. Lassen Sie die TN bei den Komposita Sinneinheiten markieren (z. B. *Stadt|theater*) und trainieren Sie die Aussprache. Sie können die Aufgabe erweitern, indem Sie zusätzliche Bausteine vorgeben und neue Wörter finden lassen, z. B.

- *Veranstaltung + Tipps/Ort*
- *Stadt + Theater/Park/Bibliothek*
- *Zeitung + Anzeige/Artikel*

A2 Lektion 2 – Mit Bus und Bahn

Lernziele

Sich über Reisemöglichkeiten informieren und diese vergleichen / Fahrpläne lesen / Wichtige Informationen in Durchsagen am Bahnhof verstehen

Einstiegsseite

Bevor Sie mit der eigentlichen Lektion beginnen, fragen Sie die TN, wie sie zum Deutschkurs kommen. Die Einstiegsfrage lässt sich gut mit einer Wiederholung der Adverbien der Häufigkeit verbinden: *Ich fahre immer mit der S-Bahn. Ich nehme meistens den Bus. Manchmal fahre ich auch mit dem Fahrrad.* Regen Sie stärkere TN an, ihre Antworten zu präzisieren: *Mit welcher S-Bahn-Linie fahren Sie? Könnten Sie auch die U-Bahn nehmen? Welche Linie?*

Bitten Sie die TN dann, zu beschreiben, was auf den Fotos zu sehen ist. Halten Sie relevante Begriffe an der Tafel fest *(der Bahnsteig, der Bahnhof, die Gleise, der Fahrkartenautomat, die Autobahn etc.)* und leiten Sie anschließend zu einem weiterführenden Gespräch über die Bilder über. Mögliche Leitfragen sind:

- *Wohin fährt Karim (der junge Mann auf dem großen Foto) wohl? Zur Arbeit? Zum Deutschkurs? Und die junge Frau auf dem kleinen Foto unten links?*
- *Welche Tageszeit/Jahreszeit sehen wir auf den Fotos?*
- *Was für ein Bus ist das auf dem kleinen Foto in der Mitte? Ein Linienbus? Ein Fernbus?*
- *Was glauben Sie: Wo sind die Taxis? Vielleicht am Flughafen? Wo gibt es noch viele Taxis?*

Ermutigen Sie die TN auch, über eigene Erfahrungen zu sprechen:

- *Wo kaufen Sie immer Ihre Fahrkarten? Auch am Automaten? Oder am Schalter?*
- *Sind Sie in Deutschland schon mal mit dem Fernbus gefahren?*

Wenn Sie die Bildbeschreibung im PL durchführen, können Sie sich gleichzeitig einen Eindruck davon verschaffen, inwieweit den TN die Verwendung der Präpositionen mit Dativ *(auf dem Bahnsteig, auf der Autobahn, im Taxi)* und die Unterscheidung zwischen Akkusativ- und Dativformen *(den Bus nehmen, mit dem Bus fahren)* im Gedächtnis geblieben ist. An dieser Stelle können Sie später mit einer gezielten Wiederholung ansetzen. Sie finden auf der folgenden Seite konkrete Vorschläge dazu.

Übertragen Sie im nächsten Schritt die Wörter aus dem petrolfarbenen Kasten an die Tafel. Fragen Sie die TN, welche Verkehrsmittel sie außerdem noch kennen *(z. B. Flugzeug, U-Bahn)* und fügen Sie diese hinzu. Sammeln Sie im PL weitere Adjektive, die die TN den einzelnen Verkehrsmitteln zuordnen, z. B. *langsam, laut, leise, unbequem, pünktlich, modern, schmutzig, sauber.*

Zum Abschluss geben Sie den TN die Gelegenheit, über ihr Heimatland zu sprechen und Vergleiche mit Deutschland zu ziehen. Mögliche Leitfragen sind:

- *Welche Verkehrsmittel gibt es in Ihrem Land?*
- *Sind Busse und Bahnen dort meistens pünktlich? Sind sie alt oder modern? Schmutzig oder sauber?*
- *Wie sehen die Taxis in Ihrem Land aus? Welche Farbe haben sie?*
- *Welche Probleme gibt es manchmal mit Bussen und Bahnen? In Deutschland? In Ihrem Land?*

Erste Doppelseite: Wir machen uns auf den Weg.

KB 1, AB 1, 2, 3

In Lektion 7 des A1.2 Buches haben die TN Präpositionen mit Dativ kennengelernt *(mit, an, zu, bei, in).* Dieses Thema wird hier aufgegriffen und ausgebaut. Beginnen Sie, bevor Sie zur ersten Aufgabe im KB übergehen, mit einer Wiederholung der Dativ- und Akkusativformen. Schreiben Sie als Gedankenstütze eine Übersicht an die Tafel:

	Dativ	Akkusativ
der Bus	dem Bus	den Bus
die Bahn	der Bahn	die Bahn
das Taxi	dem Taxi	das Taxi
die Busse	den Bussen	die Busse
die Bahnen	den Bahnen	die Bahnen
die Taxis	den Taxis	die Taxis

Wiederholen Sie, wenn nötig, auch die Formen der Verben *fahren* und *nehmen*. Anschließend bearbeiten die TN Aufgabe 1 im AB und spielen einige Anwendungsbeispiele durch. Die Begriffe für die Verkehrsmittel in Aufgabe 1a im AB sollten mit Artikel aufgeschrieben werden. Das erleichtert die Anschlussaufgabe. Tipp für lernschwache Gruppen: Lassen Sie die TN zu Beginn der Wiederholungsphase noch einmal Aufgabe 2a–c auf den Seiten 8 und 9 des Buches A1.2 bearbeiten (Bitte Kopien mitbringen!). Die Arbeit mit bekanntem Material hilft den TN, sanft in das Thema einzusteigen und das Gelernte noch einmal nachzuvollziehen, bevor sie es auf neue Beispiele übertragen.

Nach der Wiederholungsphase bearbeiten die TN in EA Aufgabe 1a–d im KB. Erläutern Sie zu Beginn die Information in den Grammatikkästen und geben Sie auf Wunsch weitere Beispiele. Besprechen Sie dann nach jeder Teilaufgabe die Lösungen im PL. Aufgaben 2 und 3 im AB können zur Festigung im Unterricht oder zu Hause gemacht werden.

KB 2, AB 4, 5

In Aufgabe 2a wenden die TN das Gelernte an, indem sie einen vorgegebenen Dialog variieren. Insbesondere in lernstarken Gruppen bietet es sich an, die TN an dieser Stelle auf die Formulierung *Da drüben* aufmerksam zu machen. Erklären Sie, dass *Da hinten* oder *Da vorne* oft bedeutungsgleich verwendet wird, obwohl *hinten* und *vorne* eigentlich eine gegensätzliche Bedeutung haben.

Aufgabe 2b baut auf 2a auf und stellt zusätzliche Redemittel und Variationsmöglichkeiten vor. Im zweiten Dialog wird außerdem das Thema Indefinitpronomen, das die TN schon aus Lektion 1 kennen, aufgenommen und erweitert. Entscheiden Sie selbst, ob Sie sofort darauf eingehen oder lieber erst in der nächsten Stunde darauf zurückkommen möchten. Wenn die TN mit den Dativ- und Akkusativformen schon stark gefordert sind, bietet es sich an, das Thema vorerst zurückzustellen. Sie können es am folgenden Unterrichtstag an die Wiederholungsphase anschließen. In Aufgabe 5 im AB finden Sie Übungssätze zu den Indefinitpronomen, die die TN im Unterricht bearbeiten können. Aufgabe 4 im AB eignet sich als Hausaufgabe.

In Teilaufgabe c sollen die TN sich in PA eigene Dialoge überlegen. Die Dialoge in 2a und b können dabei als Vorlage genutzt werden. Tipp zur Binnendifferenzierung: Lernstarke TN können, nachdem sie mit der Aufgabe im Buch fertig sind, mit einem richtigen U-Bahn- oder S-Bahn-Plan aus der eigenen Stadt arbeiten (oder aus einer nahegelegenen Stadt, falls die eigene Stadt kein U-Bahn oder S-Bahn-Netz hat).

Zweite Doppelseite: Welche Verbindung ist die beste?

KB 3, AB 6

In Aufgabe 3a im KB lernen die TN Redemittel für Gespräche am Fahrkartenschalter kennen. Entscheiden Sie, ob Sie den Hörtext für eine vertiefende Übung zur Verfügung stellen möchten und bringen Sie gegebenenfalls Kopien mit. Insbesondere lernschwächere TN profitieren davon, den Text im Anschluss noch einmal in PA zu lesen. In jedem Fall sollten die TN den Dialog mehrmals hören.

In den Aufgaben 3b–d im KB geht es um Fahr- bzw. Reisepläne. Nutzen Sie den Reiseplan in 3b, um die Verben *abfahren* und *ankommen* zu üben und weisen Sie die TN auf wichtige Abkürzungen hin *(Hbf., Bf.)*. Erklären Sie bitte außerdem den Unterschied zwischen Regional- und Fernzügen. Die TN sollten wissen, dass eine Fahrkarte für einen Regionalzug im IC oder ICE nicht gültig ist. Überlegen Sie, ob Sie vielleicht ein Streckennetz der Bahn mitbringen möchten, das die wichtigsten Fernverbindungen in Deutschland zeigt.

Aufgabe 6 im AB kann in lernstarken Gruppen als Hausaufgabe gegeben werden. In lernschwachen Gruppen ist sie gut als Wiederholung zu Beginn der nächsten Unterrichtsstunde geeignet.

KB 4

In Aufgabe 4 im KB lernen die TN, Vergleiche anzustellen. Erklären Sie – sofern Sie es nicht zu Beginn der Lektion schon getan haben – den Unterschied zwischen Fern- und Linienbussen (gegebenenfalls auch Reisebussen). Bitten Sie die TN, sich die Anzeige von Flitzbus anzuschauen und stellen Sie Fragen dazu, z. B. *Wie lange dauert die Fahrt von Köln nach Saarbrücken? Was kostet die Fahrt von Hamburg nach Stuttgart?* Leiten Sie dann zu den Unterschieden zwischen Fernbus und Zug über und erklären Sie in Teilaufgabe b die Vergleichsformen am Beispiel von *lang – länger und billig – billiger*. In lernstarken Gruppen können Sie auch *preiswert* und *günstig* als Alternativen mit hinzunehmen. Nutzen Sie die Anzeige in 4a, um eine Übungsphase anzuschließen. In lernstarken Gruppen können Sie die TN bitten, drei Aussagen über Preise und Dauer der Fahrten aufzuschreiben. Die Aussagen können richtig oder falsch sein (z. B. *Die Fahrt von Köln nach Saarbrücken dau-*

ert länger als die Fahrt von Berlin nach München.) Die TN lesen dann der Reihe nach jeweils eine Aussage vor und die anderen TN in der Gruppe entscheiden, ob sie richtig oder falsch ist. In lernschwachen Gruppen können Sie die Aussagen selbst vorgeben.

In den Aufgaben 4c und d wird das Gelernte systematisiert und geübt. Geben Sie den TN den Tipp, dass es in vielen Fällen sinnvoll ist, Adjektive als Gegensatzpaare zu lernen. Weisen Sie bitte auch auf eine hilfreiche Kompensationsstrategie hin, die die TN im Alltag und auch in der Prüfung anwenden können: Wer ein bestimmtes Adjektiv *(z. B. langsam)* gerade nicht parat hat, kann sich behelfen, indem er das gegenteilige Adjektiv mit nicht kombiniert *(nicht schnell)*.

Nachdem die TN in 4c alle Gegensatzpaare gefunden haben, erklären Sie die Bildung der Komparativformen. Schreiben Sie einige Beispiele an die Tafel.

Die TN können dann von den Beispielen die Formen für die übrigen regelmäßigen Adjektive selbst ableiten. Ergänzen Sie zum Schluss die unregelmäßigen Formen. Lassen Sie bitte ausreichend Platz, um später die Superlative hinzuzufügen.

schnell	schnell<u>er</u>	...
langsam	langsam<u>er</u>	...
früh	...	
...	...	

Machen Sie die TN zwischendurch auf die Textnachrichten (in den grünen Kästen) aufmerksam, die Karim an seinen Vater schickt, und halten Sie die TN an, Karims Reise gedanklich nachzuvollziehen.

Dritte Doppelseite: Unterwegs mit Bus oder Bahn?

KB 5, AB 7, 8

In Aufgabe 5 lernen die TN die Superlativformen kennen. Erklären Sie, wie die Superlativformen gebildet und verwendet werden. Ermuntern Sie die TN auch hier wieder, sich die fehlenden Formen selbst herzuleiten und ergänzen Sie sie in der Tabelle. In lernschwachen Gruppen bietet es sich an, die Tabelle nicht auf einmal zu vervollständigen. Für die Bearbeitung von Aufgabe 5 brauchen die TN zunächst nur zwei Superlativformen: *am besten* und *am schlechtesten*. Fügen Sie eventuell noch *am billigsten* und *am kürzesten* hinzu und ergänzen Sie die restlichen Formen, nachdem die TN mit der Aufgabe fertig sind. Zur Festigung können die TN Aufgabe 8 im AB bearbeiten. Aufgabe 7 eignet sich als Hausaufgabe.

KB 6, AB 9, 10

Bitten Sie zunächst einzelne TN, die Texte im PL laut vorzulesen und klären Sie Wortfragen. Erläutern Sie anschließend mit Hilfe des Grammatikkastens und der Beispiele in den Texten Satzverbindungen mit *deshalb*. Zur Übung bearbeiten die TN Aufgabe 6b und c anschließend im Kurs. Aufgabe 9 im AB kann als Hausaufgabe gegeben werden. Aufgabe 10 im AB eignet sich für lernstarke TN ebenfalls als Hausaufgabe. Alternativ kann die Aufgabe in der nächsten Stunde im Unterricht gemacht werden.

KB 7, AB 11,12, 13

In Aufgabe 7 lernen die TN, Durchsagen am Bahnhof zu verstehen. Besprechen Sie zuerst die Redemittel im grauen Kasten oben auf der Seite. Fragen Sie, ob einige TN schon einmal Probleme mit verspäteten oder ausgefallenen Zügen hatten und ermutigen Sie sie, von ihren Erlebnissen zu berichten. Im Anschluss bearbeiten die TN die Aufgabe, wie im Buch vorgeschlagen. Aufgaben 11, 12 und 13 im AB eignen sich als Hausaufgabe.

KB 8

In Aufgabe 8 wird Karims Geschichte weitererzählt. Bevor die TN den Dialog in Aufgabe 8b hören, sollten sie die Aussagen lesen. Erklären Sie bitte auch die Bedeutung des Verbs *schwarzfahren*.

Nachdem die TN die Aufgabe beendet haben, vergleichen Sie die Lösungen und leiten Sie noch einmal zu einem Abschlussgespräch über. Fragen Sie die TN, was Ihnen in öffentlichen Verkehrsmitteln in Deutschland aufgefallen ist. Hatten sie schon einmal besonders nette oder unangenehme Begegnungen, von denen sie erzählen möchten? Gibt es Fragen, die die Benutzung von öffentlichen Verkehrsmitteln betreffen? Besprechen Sie gegebenenfalls auch, was in Bussen und Bahnen erlaubt ist und was nicht *(z. B. Man darf ein Fahrrad mit in den Zug nehmen. Man darf nicht die Füße auf die Sitze legen)*.

KB 9

Aufgabe 9 fasst noch einmal einige kniffelige Wörter zusammen. Fügen Sie weitere Wörter hinzu, die den TN im Laufe der Lektion Schwierigkeiten bereitet haben und trainieren Sie die Aussprache.

A2 Lektion 3 – Unsere neue Wohnung

Lernziele

Sich über den Wohnungsmarkt informieren / Angaben und Abkürzungen in Wohnungsanzeigen verstehen / Einen Besichtigungstermin vereinbaren / Mitteilungen verstehen

Einstiegsseite

Lassen Sie die TN zum Einstieg in das Lektionsthema das große Foto auf der Einstiegsseite betrachten und möglichst detailliert beschreiben. Um alle TN aktiv an der Bildbeschreibung zu beteiligen und dadurch den bei den TN vorhanden Wortschatz zu aktivieren, ist es ratsam, für diese Aufgabe eine Sozialform zu wählen, in der der Redeanteil aller TN möglichst hoch ist, wie bei PA/GA. Für Abwechslung bei der Bildbeschreibung und der anschließenden Evaluierung des bereits bekannten Wortschatzes können Sie mit einer spielerischen Zusatzaufgabe sorgen.

Geben Sie den in den PA/GA arbeitenden TN die Aufgabe, alle Wörter, die der Beschreibung des großen Fotos dienen können, aufzuschreiben. Tragen Sie anschließend im PL die Wörter der Gruppen zusammen. Je eine Gruppe/ein Paar nennt ein Wort, das Sie (ggf. die TN) an der Tafel notieren (siehe Beispiel des Tafelanschriebs unten). Dieses Wort kann von den anderen Gruppen/Paaren nicht mehr genannt werden.

Gruppe 1	Gruppe 2	Gruppe 3	Gruppe 4
der Kühlschrank	die Hand	lila	der Pullover
der Bart	halten	die Jeans	die Küche
…	…	…	…

Gewonnen hat die Gruppe/das Paar mit den meisten Wörtern.

Als Übung des mündlichen Ausdrucksvermögens allgemein und hinsichtlich des DTZ fordern Sie die TN nach der konkreten Beschreibung des Fotos auf, Vermutungen anzustellen, was die Personen auf dem Foto gerade getan haben, was sie tun, warum sie fröhlich sind usw. Leiten Sie dieses im PL geführte Gespräch hin zum Thema Wohnen und lassen Sie die TN im petrolfarbenen Kasten der Einstiegsseite in EA die vorhandenen Wörter finden. Notieren Sie die gefundenen Wörter und die entsprechenden Oberbegriffe an der Tafel.

Zimmer	Personen	Möbel	Geräte
das Wohnzimmer	der Nachbar	das Sofa	der Kühlschrank
…	…	der Tisch	…
…	…	…	…

Fragen Sie die TN, was ihnen zum Thema Wohnen noch einfällt, welche Wörter sie kennen und ergänzen Sie so Ihr Tafelbild. Auf diese Weise entlasten Sie den zentralen Wortschatz der Lektion vor und geben den TN gleichzeitig die Gelegenheit, diesen zu systematisieren.

Haben Sie mit den TN den wichtigsten Wortschatz an der Tafel erarbeitet und sind insbesondere alle üblichen Räume einer Wohnung benannt, lassen Sie die TN in PA/GA über den Grundriss auf der Einstiegsseite sprechen Sie können die TN diese Aufgabe freibearbeiten lassen oder Sie geben ihnen Leitfragen vor (z. B. *Wie viele Zimmer hat die Wohnung? Welche Zimmer gibt es? Wie viele Fenster/Türen/… sehen Sie?*)

Erste Doppelseite: Wir suchen eine Wohnung

KB 1, AB 1, 2, 3

Von der Wortschatzarbeit im Rahmen der Bearbeitung der Einstiegsseite können Sie nahtlos zur Aufgabe 1 im AB überleiten. In EA/PA setzen die TN Komposita rund ums Wohnen zusammen. TN/Paare, die die Aufgabe schnell bearbeiten, können Sie auffordern, die entsprechenden Artikel herauszufinden.

Sind die Artikel bereits notiert, können Sie falsche Artikel anstreichen und den TN die Eigenkorrektur mittels eines Wörterbuchs zur Aufgabe geben. Besprechen Sie die Lösungen der Aufgabe AB 1 im PL und lassen Sie die TN die Bedeutung der einzelnen Komposita erklären bzw. helfen Sie bei Verständnisproblemen.

Durch die intensive Beschäftigung mit dem Wortschatz haben Sie eine gute Basis geschaffen, so dass die TN die Aufgabe 1a im KB lösen können. Wurden die Wörter *Anzeige* und/oder *Besichtigungstermin* in der bisherigen Wortschatzarbeit noch nicht genannt, fügen Sie vor der Beschäftigung mit der Aufgabe 1a doch ein Gespräch im PL ein. Fragen Sie die TN, wie man eine Wohnung sucht/findet und halten Sie die Möglichkeiten und Schritte an der Tafel fest.

Geben Sie den TN nun Zeit, die Aussagen zu lesen oder lassen Sie die Aussagen doch zur Abwechslung von einem/mehreren TN laut vorlesen. Nach dem Hören des Dialogs und der Bearbeitung der Aufgaben vergleichen die TN in PA ihre Lösungen und falls erforderlich auch im PL.

Die Teilaufgabe 1b im KB können Sie auf zweierlei Weise vorentlasten. Entweder nutzen Sie die Aufgabe 2a im AB, damit sich die TN mit den Abkürzungen intensiv auseinandersetzen. Oder Sie erläutern die zentralen Begriffe anhand von Tafelzeichnungen bzw. -anschrieben.

- *330 € Miete plus 50 € Nebenkosten (inklusive Heizkosten) = warm*
- *330 € Miete plus 90 € Nebenkosten (ohne Heizkosten) = kalt*
- *...*

Nach der erfolgten Vorentlastung bearbeiten die TN nun die Teilaufgabe 1b in PA. Lassen Sie die TN zuerst die Abkürzungen der Liste ausschreiben und nach einer Kontrolle im PL die vier Anzeigen von den TN in PA laut lesen. Möchten Sie, dass die TN die Rechtschreibung stärker üben, können Sie eine oder zwei Anzeigen auch von den TN ausschreiben lassen.

Anschließend bearbeiten die TN die Teilaufgabe 1c im KB.

Aufgabe 2a und 2b im AB eignet sich zur Vertiefung im Rahmen des Unterrichts oder als Hausaufgabe.

Als Überleitung von der Aufgabe 1 zur Aufgabe 2 im KB dient die Aufgabe 3 im AB.

KB 2, AB 3

Zur Vorentlastung der Aufgabe 2 im KB bearbeiten die TN die Aufgabe 3 im AB. Um TN nicht zu über- bzw. zu unterfordern setzen Sie Paare aus tendenziell schwächeren und stärkeren TN zusammen. Zur Überprüfung vor dem kontrollierenden Hören in Teilaufgabe 3b im AB können die Paare einzelne Fragen und Antworten im PL vortragen. Dies hat den Vorteil, dass auch andere Fragevarianten als von der Aufnahme vorgegeben gewürdigt bzw. fehlerhafte Formulierungen korrigiert werden können.

Die Teilaufgabe 2a im KB kann in EA oder in PA gelöst werden. Nach dem Hören des Dialogs spielen die TN in PA Dialoge. Um eine Binnendifferenzierung zu erzielen, lassen Sie die TN in homogenen Paaren zusammenarbeiten. Stärkere Paare spielen direkt Dialoge. Schwächere Paare schreiben einen Dialog und spielen ihn anschließend.

KB 3, AB 4

Zum Einstieg in die Beschäftigung mit den Personalpronomen im Dativ präsentieren Sie den TN doch ein Beispiel. Fragen Sie eine/einen TN, ob sie/er ihnen etwas gibt und notieren Sie die Frage und Antwort an der Tafel (z. B. *Geben Sie mir den Stift? – Ja, ich gebe Ihnen den Stift.*). Notieren Sie zu den Peronalpronomen im Dativ jene im Nominativ und präsentieren Sie so alle Personalpronomen im Dativ. So vorbereitet bearbeiten die TN die Aufgabe 3 im KB. Vertiefend ist die Aufgabe 4 im AB geeignet.

Zweite Doppelseite: Wohin mit den vielen Sachen?

KB 4

Zur inhaltlichen Vorentlastung sowie zur Herstellung eines Bezugs zum Erfahrungshorizont der TN lassen Sie die TN in GA berichten, wie man in ihren Herkunftsländern eine neue Wohnung findet. Geben Sie den Gruppen beim Herumgehen Hilfestellung indem

Sie sie mit Fragen zum weiteren Erzählen anregen (z. B. *Was machen Sie dann? Helfen Verwandte normalerweise bei der Wohnungssuche/beim Umzug? Kaufen oder mieten mehr Menschen Wohnungen oder Häuser?*).

Die TN bearbeiten nun die Aufgabe 4 im KB. Möchten Sie die temporalen Adverbien üben, können Sie die TN auffordern, analog zu den Sätzen der Aufgabe 4, Sätze über die Wohnungssuche in ihrem Herkunftsland zu schreiben.

KB 5, AB 5, 6, 7, 8

Je nachdem, wie vertraut den TN die Bezeichnungen von Möbeln und Haushaltsgeräten sind, können Sie die Aufgabe 5 im AB als Vorentlastung (bei schwächeren Lerngruppen) oder als Vertiefung (bei stärkeren Lerngruppen) verwenden.

Die TN bearbeiten in EA die Teilaufgabe 5a im KB. Bei der anschließenden Kontrolle der Ergebnisse visualisieren Sie die Bedeutung der jeweiligen Präposition (zeigen oder zeichnen Sie). Zur Erweiterung und Systematisierung der Kenntnisse der Präpositionen dient die Aufgabe 6 im AB.

Bevor Sie zur Teilaufgabe 5b übergehen, stellen Sie sicher, dass den TN die Bedeutungen von *wohin* und *wo* klar sind. Nutzen Sie hierfür Beispiele aus dem Kursalltag und schreiben Sie die Beispiele an die Tafel.

Wohin? →	Wo? •
Wohin legen Sie das Buch?	Wo liegt das Buch?
Ich lege das Buch auf den Tisch.	Das Buch liegt auf dem Tisch.
…	…

Weisen Sie auf den Gebrauch des Dativs und Akkusativs hin und lassen Sie die TN die Teilaufgaben 5b und 5c in PA lösen. Zur Einübung der mit dem Akkusativ bzw. mit Dativ stehenden Verben bearbeiten die TN die Aufgaben 7 und 8 im AB.

KB 6, AB 9, 10, 11, 12

Die Aufgabe 6 im KB dient der weiteren Einübung der den Wechselpräpositionen nachfolgenden Artikel. Lassen Sie die TN diese Aufgabe in EA/PA bearbeiten und überprüfen Sie die Ergebnisse im PL. Gestalten Sie dies doch einmal als Kettenübung. Ein TN beginnt und stellt eine Frage zum ersten Satz der Teilaufgabe 6a, ein anderer TN antwortet (*Wohin stellt sie die Lampe? – Sie stellt die Lampe in die Ecke.*) etc.

Die Aufgaben 9, 10 und 11 im AB können Sie in entweder als systematisierende Vertiefung der Wechselpräpositionen in Form einer Hausaufgabe nutzen. Oder wenn Sie sie im Unterricht einsetzen möchten, nutzen Sie diese Aufgaben doch als Hinführung zur Aufgabe 6 im KB.

Als Hausaufgabe oder als Wechsel des Schwerpunktes von der reinen Grammatikarbeit zur freien, individuellen Anwendung des Lernstoffes ist die Aufgabe 12 im AB konzipiert. Die TN verfassen in EA Texte über ihre jeweilige Wohnsituation.

KB 7

Zu den Protagonisten der Lektion und ihrer Umzugssituation führt die TN die Aufgabe 7 im KB zurück. Die Teilaufgabe 7a ist sowohl in EA als auch in PA durchführbar, für Teilaufgabe 7b ist die Arbeit im PL möglich, doch empfiehlt es sich zur Erhöhung des Redeanteils der einzelnen TN, die Aufgabe in GA besprechen zu lassen. Sollten Sie befürchten, dass den TN rasch die Ideen ausgehen, über welche Gegenstände sie sprechen können, können Sie ihnen Gegenstände vorgeben. Dies können Sie entweder in Form einer Liste oder verdeckt auf einem Stapel liegender, spontan von einem TN zu ziehenden Zetteln erreichen. Ob Sie Wörter (mit oder ohne Artikel) oder Fotos/Zeichnungen der Gegenstände verwenden, sollte entsprechend der Kenntnisse der TN entschieden werden.

Ähnlich gut in PA/GA durchführbar ist die Teilaufgabe 7c.

Dritte Doppelseite: Auf gute Nachbarschaft!

KB 8, AB 13, 14, 15

Um das globale Lesen zu üben, bitten Sie die TN in EA die Teilaufgabe 8a im KB innerhalb von fünf Minuten zu bearbeiten. Erklären Sie den TN, dass sie nicht alles verstehen müssen, sondern sich darauf konzentrieren sollen, herauszufinden, wer welche Mitteilung geschrieben hat.

Es ist sinnvoll, die Teilaufgabe 8b, die dem Training des selektiven Leseverstehens dient, in EA mit anschließender partnerschaftlicher Kontrolle lösen zu lassen.

Das detaillierte Lesen üben die TN in der Aufgabe 13 im AB. Weisen Sie die TN darauf hin, dass alle diese Lesestrategien für den Alltag in Deutschland sowie für den DTZ wichtig sind. Ebenfalls prüfungsrelevant sind die Aufgaben 14 und 15 im AB, die sie im Rahmen des Unterrichts oder auch als Hausaufgabe einsetzen können.

KB 9, AB 16

Als Überleitung zur individuellen Ebene der TN besprechen Sie mit den TN im PL, ob und in welchen Fällen sie Nachrichten an ihre Nachbarn schreiben oder ob sie Mitteilungen von Nachbarn erhalten haben und wie sie reagiert haben bzw. wie man reagieren kann.

Nun bearbeiten die TN die Aufgabe 9 im KB. Um die Möglichkeit der Zusammenarbeit im Rahmen der Unterrichtssituation optimal zu nutzen, können die TN diese Aufgabe in PA bearbeiten.

Besprechen Sie ausgehend von den entstandenen, kurzen Texten typische Fehlerquellen bzw. Besonderheiten deutscher Schreiben (*Anrede, Groß-/Kleinschreibung, Interpunktion, duzen/siezen, Grußformel* etc.).

Als Vertiefung des Verstehens und Schreibens von Mitteilungen von/an Nachbarn können Sie die Aufgabe 16 im AB an dieser Stelle bearbeiten lassen. Sie dient gleichzeitig als Übergang zur Aufgabe 10 im KB.

KB 10

Bei der Bearbeitung der Teilaufgabe 10a im KB weisen Sie die TN darauf hin, den Text nach den vorgegebenen W-Fragewörtern hin zu durchsuchen und die Antworten entweder zu markieren oder in Stichpunkten festzuhalten.

Ebenso wie die vorangegangenen Schreibaufgaben bereitet auch die Teilaufgabe 10b auf den Schriftlichen Ausdruck des DTZ vor.

Planen Sie beim Einsatz der Teilaufgabe 10 c des KBs im Unterricht genügend Zeit ein. Lassen Sie die TN möglichst in PA Einladungen verfassen. Jedes Paar gibt nach einer vereinbarten Zeit die verfasste Einladung an das Paar rechts von sich weiter und erhält vom linken Nebenpaar eine Einladung. Auf die erhaltene Einladung antwortet das Paar schriftlich und gibt die Antwort wiederum an das einladende Paar zurück.

Da es zwischen den einzelnen Paaren häufig größere Differenzen hinsichtlich der Bearbeitungszeit gibt, halten Sie kleine Extraaufgaben für schnellere TN bereit, z. B. alle Möbel/Geräte/Zimmer zu notieren, die das Paar kennt oder möglichst viele Anlässe zu notieren, zu denen man Einladungen schreibt/schreiben kann.

A2 Lektion 4 – Auf dem Amt

Lernziele

Sich über Zuständigkeiten von Ämtern informieren / Auskünfte auf Ämtern erfragen und Auskünfte geben / Über Familienstrukturen und Angehörige sprechen / Formulare ausfüllen und Anträge stellen

Einstiegsseite

Da das Thema Ämter und Behörden kein einfaches ist und hier im Buch zum ersten Mal ausführlich behandelt wird, schlagen wir vor, das Einstiegsgespräch im PL zu führen. Bitten Sie die TN, sich die Fotos auf der Seite anzuschauen und zu spekulieren, worum es in dieser Lektion geht.

Nachdem das Thema geklärt ist, fragen Sie, wofür die beiden im Buch aufgeführten Ämter (Ausländeramt und Arbeitsagentur) zuständig sind und helfen Sie gegebenenfalls bei der Erklärung:

- *Wer neu in Deutschland ist, geht zuerst zum Ausländeramt.*
  Das Amt prüft, wer im Land bleiben darf und wer nicht.
- *Wer eine Arbeit sucht, geht zur Arbeitsagentur. Dort findet man Stellenangebote.*
  Die Mitarbeiter helfen bei der Jobsuche.

Fragen Sie, welche Ämter die TN noch kennen. Helfen Sie, wenn nötig, die richtigen Begriffe zu finden und schreiben Sie diese an die Tafel.

Im ersten Teil der Lektion kommen außer den oben genannten Behörden noch drei weitere vor: das Einwohnermeldeamt/Bürgeramt, die Kfz-Zulassungsstelle und das Standesamt. Entscheiden Sie selbst, ob Sie die Zuständigkeiten dieser Behörden bereits jetzt während der Einstiegsphase ansprechen oder erst an entsprechender Stelle in Aufgabe 1 behandeln möchten. Fragen Sie, was den TN sonst noch zum Thema Ämter einfällt und sammeln Sie die Beiträge in Form eines Assoziogramms oder in Tabellenform an der Tafel:

Was gibt es auf dem Amt?	Was macht man da?	Wer arbeitet da?
Büros	Formulare ausfüllen	Mitarbeiter, Sachbearbeiter
Formulare	warten	Übersetzer
Wartezimmer	mit Mitarbeitern sprechen	
Warteschlangen	...	
...		

Einige TN werden an dieser Stelle schon recht spezielles Vokabular einbringen wollen, das sie bei Behördengängen aufgeschnappt haben (z. B. *Duldungsstatus, Asylantrag*). Überlegen Sie, welche Wörter Sie an der Tafel festhalten und welche Sie lieber zurückstellen möchten.

Das Ziel ist, die TN zuerst mit Wortschatz und Rede-mitteln zu versorgen, die sie möglichst flexibel bei unterschiedlichen Behördengängen einsetzen können. Daraus ergibt sich die Tendenz, sich eher vom Allgemeinen zum Speziellen vorzuarbeiten. Natürlich spricht aber nichts dagegen, auch einzelne, sehr spezielle Wörter mit zu berücksichtigen, vor allem dann, wenn sie für die Mehrheit der TN relevant sind.

Während des Einstiegsgespräches und auch im weiteren Verlauf des Unterrichts sollten die TN immer wieder Gelegenheit bekommen, sich über eigene Erfahrungen mit deutschen Behörden auszutauschen und auch Schwierigkeiten oder unangenehme Erlebnisse anzusprechen. Da insbesondere das Thema Ausländerbehörde für viele TN sehr stark emotional besetzt ist, sollte allerdings jede/r für sich entscheiden dürfen, wie viel Persönliches sie/er preisgeben möchte.

Erste Doppelseite: Welches Amt ist zuständig?

KB 1, AB 1

In der ersten Aufgabe im KB wird relevanter Wortschatz zum Thema Ämter und Behörden eingeführt. Erklären Sie in Teilaufgabe a die Begriffe im grauen Kasten anhand der Situation der Familie Schmidt: Ana und Christian Schmidt möchten für ihren Sohn Kindergeld beantragen. Sie wissen nicht, zu welchem Amt sie gehen müssen und informieren sich.

Bitten Sie die TN dann, die Aufgabe in EA zu lösen, auch wenn sie nicht jedes Wort im grün hinterlegten Text verstehen. Wenn alle fertig sind, vergleichen Sie die Lösungen und klären Sie anschließend unbekannte Wörter. Weisen Sie die TN darauf hin, dass viele Ämter eine spezielle Sprache verwenden, die nicht leicht zu verstehen ist. Vielfach findet man auf den Webseiten der Behörden aber auch Bereiche, in denen die Informationen in einfacher Sprache angeboten werden.

Nachdem die TN die Teilaufgaben b und c bearbeitet haben, können Sie als Zusammenfassung noch einmal eigene Assoziogramme zu den vier genannten Ämtern erstellen lassen. Bilden Sie dazu vier Gruppen und teilen Sie jeder Gruppe ein Amt zu. Die Gruppen suchen dann aus den Teilaufgaben a und d die Begriffe heraus, die für „ihr" Amt relevant sind. Begriffe, die zu allen Ämtern passen, können mehrfach genannt werden. Selbstverständlich dürfen auch eigene Ideen ergänzt werden.

Durch die wiederholte Beschäftigung mit dem Wortschatz prägen sich die in Aufgabe 1a und d gelernten Begriffe besser ein. Die Übung kann auch als Wiederholung in der nächsten Stunde gemacht werden. Aufgabe 1 im AB eignet sich als Hausaufgabe.

KB 2, AB 2, 3

In Aufgabe 2 im KB lernen die TN, eine Auskunft einzuholen. Erklären Sie zu Beginn, dass man in vielen Behörden eine Nummer zieht und dann so lange wartet, bis die Nummer aufgerufen oder angezeigt wird. Fragen Sie, ob die TN dieses Warteprinzip schon irgendwo gesehen haben.

Im Anschluss hören die TN den Dialog in Aufgabe 2a und entscheiden in EA, ob die Aussagen richtig oder falsch sind. Bevor Sie zum zweiten Teil des Dialogs übergehen, erklären Sie bitte Satzverbindungen mit wenn. Geben Sie den TN Zeit, um die Aussagen in 2b in Ruhe zu lesen, bevor Sie den Dialog hören.

Nachdem die TN die Aufgabe bearbeitet und Sie die Lösungen besprochen haben, gehen Sie die Dialoge im PL noch einmal durch und schreiben Sie Redemittel heraus, die die TN als Kommunikationshilfen in vergleichbaren Situationen nutzen können. Hier wäre es ideal, wenn Sie die Hörtexte als Kopie zur Verfügung stellen könnten, damit die TN relevante Formulierungen markieren oder abschreiben können. Alternativ können Sie die Tonaufnahmen auch mehrmals abspielen. Ergänzen Sie gerne auch weitere Redemittel, die den TN beim Einholen von Auskünften dienlich sein könnten.

Aufgabe 2 im AB eignet sich gut als Hausaufgabe. Aufgabe 3 kann ebenfalls als Hausaufgabe gegeben oder als Wiederholung in der nächsten Stunde genutzt werden.

KB 3, AB 4, 5, 6

In dieser Aufgabe üben die TN Satzverbindungen mit wenn. Erklären Sie, dass man die Satzteile umstellen kann und dass wenn entweder am Satzanfang oder in der Mitte stehen kann. Aufgaben 4–6 im AB bieten eine Reihe von weiteren Übungen, die die TN entweder im Unterricht oder zu Hause bearbeiten können. Zusätzlich können Sie auch die Sätze in Aufgabe 2b umstellen lassen.

Zweite Doppelseite: Darf ich vorstellen? Meine Familie.

KB 4, AB 7

Nachdem die TN sich auf der ersten Doppelseite erstmalig mit „Amtsdeutsch" auseinandergesetzt haben, geht es in dieser Aufgabe mit dem Thema Verwandtschaftsbeziehungen weiter. Viele TN finden einen leichten Zugang zu diesem Thema und empfinden es als motivierend. Daher dient es an dieser Stelle auch als kleine Verschnaufpause.

Bereits in Lektion 2 des Buches A1.1 haben die TN gelernt, in sehr einfacher Form über ihre Familie zu sprechen. Dieses Thema wird nun aufgegriffen und erweitert. Erarbeiten Sie zuerst mit Hilfe des Stammbaums der Familie Schmidt die Begriffe in den grauen Kästen. Trainieren Sie bitte auch die Pluralformen. In Aufgabe 4b sollen die TN dann über die dargestellten Verwandtschaftsbeziehungen sprechen.

Erklären Sie dazu die Verwendung des Genitiv –s mit Namen. Aufgabe 7 im AB kann zur Wiederholung als Hausaufgabe gegeben werden. Im Anschluss sollen die TN über ihre eigene Familie sprechen. Die Fragen in Aufgabe 4d können im PL oder in Kleingruppen diskutiert werden.

Gerne dürfen die TN auch Familienfotos zeigen und sich gegenseitig weitere Fragen zum Thema Familie stellen. Weisen Sie bitte ausdrücklich darauf hin, dass niemand im Unterricht persönliche Informationen preisgeben muss, wenn sie/er das nicht möchte. Jeder hat die Option zu sagen: *Das ist sehr persönlich. Das möchte ich nicht erzählen.*

KB 5, AB 8, 9

In Aufgabe 5 beschäftigen die TN sich mit den Indefinitpronomen alles, etwas und nichts, die nicht neu sind und in der Regel auch kaum Schwierigkeiten bereiten. Die TN bearbeiten die Aufgabe wie im Buch vorgeschlagen. Aufgabe 8 im AB kann zur Festigung als Hausaufgabe gegeben werden. Aufgabe 9 im AB eignet sich zur Wiederholung in der nächsten Stunde. In Aufgabe 5b werden außerdem Redemittel vorgestellt, die die TN nutzen können, um nachzufragen und um Klärung zu bitten, wenn Sie etwas nicht verstehen. Da diese Fähigkeit für die Bewältigung vieler Alltagssituationen so wichtig ist, wird das Thema in Aufgabe 6 fortgeführt. Nehmen Sie sich bitte ausreichend Zeit im Kurs, um die Redemittel gründlich zu trainieren.

KB 6, AB 10, 13

In Aufgabe 6a lernen die TN alternative Formulierungsmöglichkeiten kennen. Trainieren Sie, nachdem die TN die Sätze zugeordnet haben, Intonation und Aussprache. Aufgabe 10 im AB bietet eine zusätzliche Übungsmöglichkeit, die Sie im Unterricht direkt anschließen können. Einige TN entwickeln sich – sobald sie etwas Sicherheit gewonnen haben – zu wahren Schnellsprechern. Das Bedürfnis, eine möglichst natürliche Intonation zu erwerben und die Sprechgeschwindigkeit von Muttersprachlern nachzuahmen, ist zwar verständlich, sollte aber nicht zu Lasten der Korrektheit gehen. Halten Sie Ihre TN deshalb dazu an, lieber langsam und deutlich zu sprechen.

Dadurch erhöht sich die Wahrscheinlichkeit, dass die Kommunikation klappt und Missverständnisse in Grenzen gehalten werden. Die Sprechgeschwindigkeit kommt – mit ausreichender Übung – von ganz allein.

Dritte Doppelseite: Wie muss ich das Formular ausfüllen?

KB 7, AB 11, 12, 14

Im letzten Teil dieser Lektion geht es schwerpunktmäßig um das Ausfüllen von Formularen, das die TN bereits auf der Stufe A1 in sehr einfacher Form kennengelernt haben. Aufgabe 7a bietet zunächst einen Hinweis auf Orientierungshilfen, die häufig in öffentlichen Gebäuden zu finden sind. Erklären Sie den TN, dass zwar nicht alle Behörden das gleiche System verwenden, dass es sich aber lohnt, nach Schildern Ausschau zu halten, die Hinweise darauf geben, was wo zu finden ist.

In Teilaufgabe b schauen sich die TN das große Formular auf Seite 37 an und markieren (möglichst mit Bleistift) alle Wörter oder Formulierungen, die sie nicht verstehen. Bitten Sie die TN, die Wörter in dieser Arbeitsphase nicht im Wörterbuch nachzuschlagen und sich auch nicht mit den Tischnachbarn auszutauschen.

Gehen Sie – ohne die Wortfragen geklärt zu haben – zu Teilaufgabe c über. Die TN hören den Dialog und entscheiden, ob die Aussagen richtig oder falsch sind. Fragen Sie die TN anschließend, ob der Dialog ihnen dabei geholfen hat, einige der unbekannten Wörter zu verstehen. Dazu können die TN im PL die markierten Wörter vorlesen und sagen, welche Bedeutung sie ihrer Meinung nach haben. Korrigieren Sie, wenn nötig, oder helfen Sie mit zusätzlichen Erklärungen.

In Aufgabe 1d hören die TN den Dialog noch einmal und ergänzen die fehlenden Informationen im Antragsformular auf Seite 37. Spielen Sie den Dialog bei Bedarf ruhig mehrmals ab und vergleichen Sie zum Schluss die Lösungen im PL.

Aufgabe 7e ist mit einem Augenzwinkern zu verstehen und dazu gedacht, ein wichtiges, aber häufig als mühsam und schwierig empfundenes Thema auf einer leichten Note ausklingen zu lassen. Sie können 7e auch ganz an den Schluss der Lektion stellen und Aufgabe 8 vorziehen.

Die Aufgaben 11, 12 und 14 im AB können als Hausaufgabe gemacht werden. Tipp für weiterführende Übungsmöglichkeiten: Bringen Sie geeignete authentische Formulare mit (z. B. ein Anmeldeformular für einen Sportverein, einen VHS-Kurs oder einen Kindergarten, ein Meldeformular vom Bürgeramt etc.), damit die TN ausprobieren können, inwieweit sich das in dieser Lektion Gelernte übertragen lässt.

KB 8

Nachdem die TN die Wörter vervollständigt und Sie die Lösungen verglichen haben, gehen Sie gegebenenfalls nochmal auf das Thema Amtssprache ein. Versichern Sie den TN, dass auch deutsche Muttersprachler manchmal Schwierigkeiten damit haben. Regen Sie einen Erfahrungsaustausch an, bei dem die TN erzählen können, wie sie mit Verständnisschwierigkeiten umgehen und wo sie sich Hilfe holen (Übersetzer, Freunde oder Familienmitglieder, die schon länger in Deutschland sind, öffentliche Beratungsstellen).

A2 Lektion 5 – Schule, und dann?

Lernziele

Sich über das Aus- und Weiterbildungssystem informieren / Den eigenen Lebensweg beschreiben / Sich über Unterschiede zum Ausbildungssystem des Herkunftslandes austauschen

Einstiegsseite

In dieser Lektion werden die Lebens- und Bildungswege der drei jungen Männer auf dem großen Foto erzählt. Steigen Sie in die Lektion ein, indem Sie den TN Gelegenheit geben, die Hauptfiguren kennenzulernen. Anstatt die Personen einfach vorzustellen, können Sie häppchenweise Informationen preisgeben und die TN dann raten lassen. So beziehen Sie die Gruppe von Anfang an aktiv in das Unterrichtsgespräch ein:

- Fragen Sie, ob die TN die Personen auf den Fotos kennen. Der junge Mann rechts ist Karim. Er ist aus früheren Lektionen bekannt. Die beiden anderen kennen die TN vermutlich nicht.
- Sagen Sie den TN, dass die beiden anderen Stefan und Sandro heißen und dass Stefan aus Deutschland kommt. Die TN versuchen zu erraten, wer wer ist. (Stefan ist der junge Mann links, Sandro der in der Mitte).
- Verraten Sie dann Informationen zu den Lebenswegen der drei. Die TN überlegen, welche Information zu wem passt. Sie können die Sätze auch an die Tafel schreiben:

  1. ___________ hat nach der Schule zwei Semester an einer Universität in Syrien studiert. Dann ist er nach Deutschland gekommen. (Karim)

  2. ___________ ist nach der Schule ein Jahr lang durch Europa gereist. Dann hat er eine Ausbildung zum Krankenpfleger gemacht. (Stefan)

  3. ___________ ist aus Südamerika nach Deutschland gekommen. Er hat zuerst Deutsch gelernt und dann ein Praktikum gemacht. Jetzt hat er einen Ausbildungsplatz. (Sandro)

Nachdem die TN erste Informationen über die drei Hauptfiguren erfahren haben, lenken Sie das Gespräch auf die eigenen Lebenswege der TN. Lernstarke Gruppen können direkt mit den Fragen in den Sprechblasen arbeiten. In den meisten Gruppen wird allerdings eine kleinschrittigere Vorgehensweise zu besseren Ergebnissen führen. Wir schlagen deshalb vor, zuerst ganz allgemein zu überlegen, was man nach der Schule machen kann (oder muss): einen Beruf lernen, studieren, arbeiten und Geld verdienen (ohne Ausbildung), Militärdienst, ein Praktikum, ein soziales Jahr, ein „Gap-Year" machen, heiraten und eine Familie gründen etc. Sie müssen nicht alle hier genannten Möglichkeiten im Unterricht erwähnen, nur die, die für Ihre Gruppe relevant sind. Insbesondere in schwächeren Gruppen ist es sinnvoll, zusätzlich die Perfektformen der Verben lernen, studieren, machen, arbeiten, und heiraten zu wiederholen.

Nachdem alle die Möglichkeit hatten, etwas über sich zu erzählen, sprechen Sie noch das Thema Weiterbildung an, das in Deutschland einen hohen Stellenwert hat, vielleicht aber nicht allen TN geläufig ist. Die TN schauen sich dazu das kleine Foto unten in der Mitte an und überlegen, welche Situation hier dargestellt wird. Mögliche Leitfragen sind:

- *Wer ist hier im Unterricht? Kinder oder Erwachsene?*
- *Was für ein Kurs ist das? Vielleicht ein Deutschkurs? Kann man an Ihrer VHS/Sprachschule nur Deutsch lernen oder noch mehr?*
- *In Deutschland lernen viele Erwachsene nach der Schule noch weiter. Warum machen sie das wohl? Wie ist das in Ihren Ländern?*

Erste Doppelseite: Ich bin seit kurzem in Deutschland.

KB 1, AB 1, 2

In Aufgabe 1a im KB lernen die TN, Zeitangaben mit *vor* und *seit* (+ Dativ) zu machen. Bevor Sie mit der Aufgabe beginnen, erklären Sie bitte das Wort Wohngemeinschaft. Anschließend hören die TN den Text und setzen die fehlenden Wörter ein. Erklären Sie den Unterschied zwischen *seit* und *vor* und wiederholen Sie die Dativformen. Schließen Sie eine Frage-Antwort-Runde im Kurs an, in der die TN sich gegenseitig fragen: *Wie lange bist du schon in Deutschland? Wann bist du nach Deutschland gekommen?* Sie können die Fragerunde an dieser Stelle recht kurz halten, da die gleichen Fragen in 1c noch einmal wiederholt und variiert werden. Die TN sollten jedoch die Gelegenheit haben, das Gelernte gleich auszuprobieren.

Anschließend bearbeiten die TN Aufgaben 1b und c, wie im Buch vorgeschlagen. Wer in der Einstiegsphase aufgepasst hat, hat bei 1b einen kleinen Vorteil!

Nachdem die TN Aufgabe 1 im KB beendet haben, können Sie Aufgabe 1 im AB direkt anschließen. Hier finden sich weitere Anwendungsbeispiele, die im Unterricht leicht erweitert und zu einer persönlichen Frage-Antwort-Runde ausgebaut werden können. Hier sind einige Vorschläge:

- *Seit wann bist du verheiratet? / Wann hast du geheiratet?*
- *Seit wann wohnst du in der Musterstraße? / Wann bist du in die Musterstraße gezogen?*
- *Seit wann geht dein Sohn/deine Tochter in die Schule/in den Kindergarten?*

Sie können auch eine schriftliche Übung anschließen und die TN bitten, einige Sätze mit vor und seit über sich zu schreiben, die sie dann im Kurs vorlesen. Aufgabe 2 im AB kann als Hausaufgabe gegeben werden.

KB 2, AB 3, 4, 5

In Aufgabe 2 im KB erhalten die TN einen Einblick in das Bildungssystem in Deutschland. Nutzen Sie den Text in 2a, um den Wortschatz zu erarbeiten und die im Text enthaltenen Informationen zum Bildungssystem gegebenenfalls noch einmal mit Ihren eigenen Worten zu erläutern.

Da das Thema recht komplex ist, empfehlen wir, an dieser Stelle noch nicht näher auf das Schulsystem einzugehen. Die TN sollen zunächst in groben Zügen die Unterschiede zwischen Schule, Ausbildung, Studium und Weiterbildung verstehen. Das Schulsystem mit den verschiedenen Schulformen wird in Lektion 9 erklärt.

Um die Wortschatzarbeit zu optimieren, lassen Sie die TN die Wörter am besten in größeren Einheiten lernen (z. B. Nomen-Verb-Kombinationen). Lösen Sie dazu die Einheiten oder „Chunks" aus dem Text heraus und schreiben Sie sie an die Tafel, z. B.

zur Schule gehen

die Schule besuchen/beenden/abschließen

eine Prüfung machen

Zur Festigung des Gelernten können die Aufgaben 3-5 im AB als Hausaufgabe gegeben werden.

KB 3, AB 6

In Aufgabe 3 im KB sprechen die TN über das Bildungssystem in ihren Herkunftsländern. Sie können den Fragenkatalog nach Bedarf erweitern und den Lernstand der Gruppe anpassen. Lernstarke Gruppen können im Anschluss noch Aufgabe 6 im AB bearbeiten. Da der Text recht lang ist und zusätzliches Vokabular enthält, sollte er in schwächeren Gruppen zu einem späteren Zeitpunkt bearbeitet werden, gegebenenfalls erst am Ende der Lektion.

Zweite Doppelseite: Ich mache eine Ausbildung.

KB 4, AB 7, 8, 9, 10, 11, 12

In Aufgabe 4 werden die Lebensgeschichten der drei Hauptfiguren, die zu Beginn schon angerissen wurden, ausführlich erzählt. Wir schlagen vor, die Texte in mehreren Durchgängen zu bearbeiten. Hier einige Anregungen dazu:

Die TN hören Text 1. Entscheiden Sie selbst, ob die Bücher dabei geschlossen sind oder ob die TN mitlesen dürfen. Um das Textverständnis zu vertiefen, lesen einzelne TN den Text dann im PL laut vor. Wortfragen können direkt im Anschluss geklärt werden. Stellen Sie zusätzlich Fragen zum Text, um sicherzustellen, dass der Inhalt verstanden wurde (z. B. *Warum ist Sandro nach Deutschland gekommen? Wie hat er einen Ausbildungsplatz gefunden?*).

Wenn Sie das Gefühl haben, dass die TN sich den Text inhaltlich erarbeitet haben, erläutern Sie das Perfekt der trennbaren Verben, indem Sie an bereits Bekanntes anknüpfen. Dazu können sich die TN die Beispiele für nicht trennbare Verben im Grammatikkasten anschauen und Aufgabe 8 im AB bearbeiten. Anschließend markieren die TN die Perfektformen der Verben im Text. Zur besseren Übersicht können Sie diese zusätzlich an die Tafel schreiben.

Da die meisten TN viel Zeit und Übung brauchen, bis sie die Perfektformen einigermaßen sicher verwenden können, finden Sie im AB eine Reihe von Aufgaben dazu. In Aufgabe 9 geht es noch einmal speziell um das Perfekt der trennbaren Verben. Die TN können die Aufgabe zu Hause oder im Unterricht bearbeiten.

Erarbeiten Sie die beiden folgenden Texte in ähnlicher Weise wie den ersten: Die TN hören die Tonaufnahme (gegebenenfalls mehrmals), lesen die Texte (im PL oder in PA), beantworten Verständnisfragen und bearbeiten die Aufgaben im Buch.

In den Texten 2 und 3 werden weiterhin Verben im Perfekt geübt. In Text 3 geht es speziell um Perfektformen ohne ge-, die nicht neu sind, die aber hier erstmalig systematisch vorgestellt werden. Aufgaben 10 und 11 im AB können zur Festigung im Unterricht oder zu Hause bearbeitet werden.

Aufgaben 7 und 12 im AB bieten die Möglichkeit, sich noch einmal inhaltlich mit den drei Texten auseinanderzusetzen. Sie können als Hausaufgabe gegeben oder zur Wiederholung in der nächsten Stunde genutzt werden.

KB 5, AB 13, 14, 15

Hier sollen die TN ihren eigenen Bildungsweg beschreiben. Aufgabe 5a bereitet auf die Schreibaufgabe in 5b vor. Tipp zur Binnendifferenzierung: Lernschwache TN hangeln sich direkt an den Fragen in 5a entlang; lernstarke TN holen weiter aus und entscheiden eigenständig, welche Informationen sie zusätzlich noch mit aufnehmen möchten. Gehen Sie während der Arbeitsphase herum und helfen Sie. Am Schluss sollten einige Freiwillige ihre Texte im Unterricht vorlesen dürfen.

Aufgaben 13-15 im AB eignen sich als Hausaufgabe oder zur Wiederholung in der nächsten Stunde.

Dritte Doppelseite: Gute Gründe für eine Weiterbildung.

KB 6, AB 16

Sagen Sie den TN, dass sie hier einen Auszug aus dem Programmheft einer VHS (oder einer vergleichbaren Bildungseinrichtung) sehen. Bitte bringen Sie auch aktuelle Programmhefte der VHS in Ihrer Stadt (oder ein ähnliches Kursprogramm) mit. Sie benötigen sie in Teilaufgabe d.

In Aufgabe 6a sollen die TN entscheiden, zu welchen Bereichen bzw. Überschriften die aufgelisteten Kurse gehören. Dazu müssen sie die Texte nicht gründlich lesen. Nutzen Sie die Aufgabe, um mit Ihrer Lerngruppe unterschiedliche Lesetechniken zu besprechen. Die TN sollen verstehen, dass man sich einen groben Überblick über die Inhalte eines Textes verschaffen kann, indem man ihn schnell überfliegt. Diese Strategie kann im Alltag und auch später in der Prüfung wertvolle Zeit sparen. Sie eignet sich aber nicht für Texte, in denen es um Detailverständnis geht.

Bitten Sie die TN, diese Technik hier einmal bewusst auszuprobieren und den Text wirklich nur zu überfliegen. Setzen Sie gegebenenfalls ein Zeitlimit. Nachdem die TN die Aufgabe bearbeitet und Sie die Lösungen verglichen haben, können Sie sich Zeit nehmen, den Text in Ruhe abschnittweise durchzugehen und Wortfragen zu klären.

Im Anschluss bietet sich auch hier wieder ein vertiefendes Gespräch über den Text an. Mögliche Fragen sind:

- *Was müssen Sie für den Kurs „Yoga am Vormittag" mitbringen?*
- *Sie interessieren sich für Kochkurse und möchten Informationen. Wen rufen Sie an?*
- *In welchem Büro finden Sie Frau Brüning?*

Sie können auch die Fragen aus Aufgabe 16 im AB mit einfließen lassen. Zur Wiederholung können die TN die Aufgabe später nochmal als Hausaufgabe machen.

Aufgaben 6b-d bearbeiten die TN, so wie im Buch vorgeschlagen. Entscheiden Sie selbst, wie viel Zeit Sie für Teilaufgabe d aufwenden möchten. TN, die eigenverantwortliches Lernen gewohnt sind, sollten die Möglichkeit haben, das Kursangebot intensiv zu erkunden. Schwächere und unsichere TN sollten zumindest wissen, dass es zahlreiche Angebote zu unterschiedlichen Interessensgebieten gibt, sodass sie später – wenn sie die nötige Sicherheit gewonnen haben – darauf zurückkommen können.

KB 7, AB 17

In Aufgabe 7 sollen die TN über ihre eigenen Wünsche und Pläne sprechen. Teilaufgabe a bereitet auf die produktive Aufgabe in b vor. Vielleicht finden die TN hier schon einen Satz, der auf die eigene Situation zutrifft und den sie übernehmen können. Wenn nicht, helfen Sie bei Formulierungsschwierigkeiten. In Aufgabe 17 im AB sollen die TN ihre Wünsche und Pläne noch einmal schriftlich formulieren. Die Aufgabe eignet sich gut als Hausaufgabe.

KB 8

Trainieren Sie in Aufgabe 8a die Aussprache „langer" Wörter und bitten Sie die TN, Komposita in kleinere Sinneinheiten zu zerlegen.

Teilaufgabe b ist eher für lernstarke TN geeignet. Sie können die Aufgabe vereinfachen, indem Sie die Umschreibungen selbst vorgeben. Die TN müssen dann nur noch die Wörter raten.

A2 Lektion 6 – Auf Arbeitssuche

Lernziele

Sich über Arbeitsmöglichkeiten informieren / An Beratungsgesprächen teilnehmen / Über die eigene Berufserfahrung sprechen / Einen tabellarischen Lebenslauf schreiben

Einstiegsseite

Die TN haben sich im Band A1.2 in Lektion 8 erstmalig intensiv mit dem Thema Beruf beschäftigt. In dieser Lektion wird das Thema fortgeführt.

Lassen Sie die TN zu Beginn in GA oder PA möglichst viele Berufe aufschreiben. Um die Übung einzugrenzen, setzen Sie ein Zeitlimit von fünf Minuten und bitten Sie die TN, kein Wörterbuch zu benutzen. Anschließend tragen Sie die Ergebnisse im PL zusammen und halten sie an der Tafel fest. Die TN sollten immer die weibliche und die männliche Form für die Berufsbezeichnungen nennen. Überprüfen Sie, ob die TN auch die Pluralformen bilden können. Wenn hier noch Übungsbedarf besteht, können Sie im weiteren Verlauf des Unterrichts darauf zurückkommen. Sie finden an den entsprechenden Stellen hier im Buch Hinweise dazu.

Bevor Sie inhaltlich in die neue Lektion einsteigen, können Sie noch einmal einen Bogen zur vorhergehenden Lektion schlagen, in der es um das Bildungssystem in Deutschland ging. Fragen Sie, für welche der genannten Berufe man wohl ein Studium braucht und für welche eine Ausbildung. Hier kann sich Diskussionsbedarf ergeben. In einigen Ländern muss man beispielsweise ein Studium absolvieren, um in verschiedenen Pflegeberufen arbeiten zu können. In Deutschland ist dagegen für vergleichbare Berufe eine Ausbildung vorgesehen.

Solche Unterschiede und die daraus resultierenden Diskussionen können Sie nutzen, um die TN behutsam auf mögliche Herausforderungen vorzubereiten, die sich bei der Arbeitssuche ergeben können. Dabei ist Fingerspitzengefühl gefragt, denn die TN sollen ihre Motivation und ihren Optimismus auf keinen Fall verlieren. Gleichzeitig sollen aber auch keine falschen Erwartungen geweckt werden. Um den TN ein realitätsnahes Bild zu vermitteln, könnten Sie u.a. folgende Punkte ansprechen:

- *Wer in Deutschland arbeiten möchte, braucht eine Arbeitserlaubnis.*
- *Gute Deutschkenntnisse sind in der Regel Voraussetzung für den Einstieg ins Berufsleben.*
- *Für Zuwanderer, die in ihren Herkunftsländern ein Studium oder eine Ausbildung abgeschlossen haben, stehen die Chancen oft nicht schlecht. Allerdings wird nicht jeder Abschluss in Deutschland automatisch als gleichwertig anerkannt. Bewerber müssen sich darauf einstellen, das Anerkennungsverfahren abzuwarten, gegebenenfalls eine Zusatzausbildung zu machen oder sich erst einmal „hochzuarbeiten“.*
- *Für sehr junge Zuwanderer bietet der Staat manchmal spezielle Förderprogramme. Wer sich einen Platz in einem solchen Programm sichert, ist auf einem guten Weg.*

Selbstverständlich müssen Sie diese Punkte nicht alle im Rahmen dieser Lektion ansprechen. Das Thema Beruf und Arbeitssuche wird in den folgenden Lektionen noch mehrmals aufgegriffen, und es ergeben sich noch wiederholt Gelegenheiten für solche Gespräche.

Nachdem die TN unterschiedliche Berufe zusammengetragen haben, sehen sie sich die Fotos auf der Einstiegsseite an und beschreiben sie so, wie sie es aus den vorhergehenden Lektionen schon kennen.

Wenn die TN wenig eigene Ideen zum großen Foto haben, fragen Sie, welche Situation hier wohl dargestellt ist: *ein Beratungsgespräch bei der Arbeitsagentur? Ein Vorstellungsgespräch?*

Fragen Sie auch, ob die TN sich an die junge Frau erinnern (Laura Salewska, bekannt u.a. aus A1.2, Lektion 8).

Überlegen Sie dann im PL, was alles zur Arbeitssuche dazugehört (z. B. *Stellenangebote lesen, zur Arbeitsagentur gehen, einen Termin für ein Gespräch machen* etc.) und wo man Stellenanzeigen finden kann.

Erstellen Sie ein **Assoziogramm an der Tafel**.

Erste Doppelseite: Wo kann ich mich bewerben?

KB 1, AB 1, 2

In Aufgabe 1 im KB wiederholen die TN relevanten Wortschatz und lernen, Vorschläge zu machen. Weisen Sie bitte darauf hin, dass es manchmal mehrere Begriffe gibt, die wir bedeutungsgleich für dieselbe Sache verwenden. Zusätzlich zu den im Buch aufgeführten Beispielen *(Job, Arbeit, Stelle)* können Sie noch erwähnen, dass die Agentur für Arbeit auch oft Arbeitsagentur oder Arbeitsamt genannt wird. Bevor die TN Teilaufgabe 1c bearbeiten, vergewissern Sie sich, dass sie sich an die Imperativformen erinnern. Wiederholen Sie diese bei Bedarf in der *Du- und* in der *Sie-Form.*

Aufgabe 1 im AB kann im Unterricht oder zu Hause gemacht werden. Aufgabe 2 eignet sich als Hausaufgabe.

KB 2, AB 3

In Aufgabe 2 werden die reflexiven Verben vorgestellt. Die TN lesen zuerst in EA den Text und entscheiden, ob die Aussagen richtig oder falsch sind. Erklären Sie im Anschluss die reflexiven Verben. In lernschwachen Gruppen kann es hilfreich sein, einen Spiegel mitzubringen, um den TN das Prinzip der reflexiven Verben begreiflich zu machen. Beginnen Sie, indem Sie selbst in den Spiegel schauen: *Ich sehe mich.* Geben Sie den Spiegel dann an eine/n TN und sprechen Sie sie/ihn direkt an: *Du siehst dich.* Veranschaulichen Sie nach diesem Prinzip alle Formen und besprechen Sie erst danach die Beispiele im Grammatikkasten auf Seite 49 oben. Trainieren können die TN die reflexiven Verben in Teilaufgabe c im KB und in Aufgabe 3 im AB.

KB 3, AB 4, 5

In Aufgabe 3a lernen die TN unterschiedliche Berufsfelder kennen. Nachdem Sie die Beispiele a-e zugeordnet haben, sollten Sie die Möglichkeit bekommen, ihren eigenen Beruf zu kategorisieren. Ergänzen Sie gegebenenfalls fehlende Berufsfelder.

Die Berufe, die Sie während der Einstiegsphase an der Tafel gesammelt haben, können für Aufgabe 3b als Grundlage dienen. Die TN brauchen die Beispiele nur noch zuordnen. Wenn Sie in der Einstiegsphase den Eindruck hatten, dass die Pluralformen den TN Schwierigkeiten machen, können Sie diese jetzt üben, indem Sie eine Frage-Antwort-Runde nach folgendem Schema anschließen:

TN A: In welchem Berufsfeld arbeiten Informatikerinnen und Informatiker?

TN B: Im Berufsfeld 4: technische Berufe.

Da die meisten Lerngruppen nun schon eine Weile zusammen sind und sich die TN wahrscheinlich untereinander duzen, wird in Aufgabe 3c noch einmal die Aufmerksamkeit auf die *Sie*-Form gelenkt. Falls die TN die *Sie*-Form in der letzten Zeit nur selten aktiv im Unterricht verwendet haben, sollten sie die Möglichkeit haben, sie zu üben, damit sie auf Gespräche mit Berufsberatern und Arbeitgebern gut vorbereitet sind. Bevor Sie mit der Aufgabe beginnen, bietet es sich an, das Ausspracheтraining in Aufgabe 4 im AB vorzuschalten.

Aufgabe 5 im AB eignet sich als Einstieg in die nächste Unterrichtsstunde. Hier wird noch einmal das reflexive Verb *sich interessieren (für)* wiederholt und das Gelernte auf andere Themenbereiche (z. B. *Freizeit*) übertragen.

Zweite Doppelseite: Welches Stellenangebot passt?

KB 4, AB 6

In Aufgabe 4 im KB lernen die TN Satzverbindungen mit denn kennen. Dazu hören sie zunächst das Beratungsgespräch und kreuzen die Lösungen an. Erklären Sie mit Hilfe des Grammatikkastens im Buch Satzverbindungen mit denn und geben Sie zusätzliche Beispiele, z. B.

- *Ich lerne Deutsch, denn ich lebe in Deutschland.*
- *Neyla ist heute nicht im Unterricht, denn sie ist krank.*

In Aufgaben 4b und c wenden die TN das Gelernte an. Aufgabe 6 im AB kann zur Festigung als Hausaufgabe gegeben werden.

KB 5, AB 7, 8, 9

In Aufgabe 5a beschäftigen sich die TN mit Stellenanzeigen und lernen Zeitangaben mit *für, ab* und *bis* zu machen. Bitten Sie die TN, die Stellenanzeigen in EA zu lesen und die passende für Laura herauszusuchen. Dazu müssen sie nicht jedes Wort verstehen. Besprechen Sie, nachdem Sie die Lösungen verglichen haben, die Texte noch einmal im PL und klären Sie Wortfragen. Weisen Sie in Anzeige 3 auf das reflexive Verb *sich freuen (auf)* hin und trainieren Sie die Formen.

In Teilaufgabe c werden Satzverbindungen mit *weil* vorgestellt. Dazu lesen die TN zunächst fünf Aussagen, in denen jeweils ein Grund genannt wird, warum eine bestimmte Anzeige nicht passt. Die TN sollen entscheiden, welche Anzeige das ist. Erklären Sie im Anschluss Satzverbindungen mit *weil.* Die Aufgaben 5d im KB und 7 im AB können direkt danach im Unterricht oder als Hausaufgabe gemacht werden.

In Aufgabe 5e im KB sollen die TN das Gelernte auf die eigene Situation übertragen und Fragen mit Warum? beantworten. Sammeln Sie in schwächeren Gruppen einen Fragenkatalog an der Tafel, der den TN als Kommunikationshilfe dient. Wenn nötig, können Sie auch Satzbausteine für Antwortmöglichkeiten aufschreiben. Passen Sie die Fragen nach Möglichkeit an die aktuelle Situation der TN an. Hier einige Anregungen:

Fragen	Bausteine für Antworten
Warum bist du so müde heute?	viel gelernt/gearbeitet; schlecht geschlafen
Warum warst du gestern nicht im Unterricht?	krank; Sohn/Tochter krank; Termin beim Amt
Warum hast du einen Regenschirm mit?	es regnet
Warum bist du umgezogen?	größere/günstigere Wohnung

Wenn persönliche Fragen gestellt werden, sollten die TN – wie immer – die Möglichkeit haben, zu sagen: *Das möchte ich nicht beantworten.* Geben Sie den TN alternativ die Möglichkeit, bei solchen Übungsformen einfach zu „lügen" und Informationen frei zu erfinden. So können sie die Übung zumindest mitmachen. Erklären Sie den TN, die auf persönliche Fragen grundsätzlich empfindlich reagieren, dass es hier um das Trainieren sprachlicher Strukturen geht und nicht darum, private Informationen über einzelne Personen zu sammeln.

Die Aufgaben 8 und 9 im AB eignen sich als Hausaufgabe. In lernschwachen Gruppen sollte 9b im Unterricht gemacht werden.

Dritte Doppelseite: Hier ist mein Lebenslauf.

KB 6, AB 10, 11

In Aufgabe 6 im KB lernen die TN, wie ein Lebenslauf aufgebaut ist. Bitten Sie die TN zuerst, sich den Lebenslauf von Laura anzusehen und zu sagen, was ihnen spontan daran auffällt. Wenn die TN keine Ideen haben, weisen Sie darauf hin, dass es in jedem Lebenslauf Überschriften gibt, unter denen die einzelnen Informationen zusammengefasst sind. Lernschwache TN sehen sich daraufhin die Textbausteine oben auf Seite 53 an und identifizieren zuerst die Überschriften darunter. Danach bearbeiten sie die Aufgabe. Aufgabe 10 im AB vertieft das Textverständnis und kann direkt angeschlossen werden. Besprechen Sie dann die Lösungen und klären Sie Wortfragen.

Erläutern Sie im Anschluss noch einmal die Bedeutung von Lebensläufen im Bewerbungsprozess und fassen Sie formale Besonderheiten zusammen. Leiten Sie dann über zu Aufgabe 7.

Aufgabe 11 im AB kann in lernstarken Gruppen als Hausaufgabe gegeben werden. In schwächeren Gruppen kann die Aufgabe zu Beginn der nächsten Stunde im Unterricht bearbeitet werden.

KB 7

Da es in vielen Ländern nicht üblich ist, den Bewerbungsunterlagen ein Foto beizulegen, wird dem Thema hier eine eigene Aufgabe gewidmet. In Aufgabe 7a tauschen sich die TN zunächst darüber aus, was in ihren Ländern üblich ist. In Aufgabe 7c sprechen sie dann über die abgebildeten Fotos und überlegen, welche als Bewerbungsfotos geeignet sind und warum. Zur Vorbereitung bearbeiten sie Aufgabe 7b. Stellen Sie bitte das Verb aussehen vor und vergewissern Sie sich, dass die TN die aufgelisteten Adjektive kennen. In lernstarken Gruppen können Sie weitere Adjektive ergänzen (z. B. *witzig, lustig, ernst, komisch, seriös, freundlich).*

KB 8

Um die TN nicht zu überfordern, sollte Aufgabe 8 an die Gruppe angepasst werden. Stärkere TN können die Aufgabe eigenständig zu Hause machen. Bitten Sie die TN aber ausdrücklich, ihren Lebenslauf nicht mit zu vielen Details zu überfrachten. Schwächere TN erstellen im Unterricht einen einfachen Lebenslauf, nur mit den wichtigsten Informationen. Gehen Sie im Raum herum und helfen Sie dabei.

KB 9

Nachdem die TN die Aussprache der Wörter in Aufgabe 9 geübt haben, bitten Sie sie, die Lektion noch einmal durchzugehen und weitere Wörter zu notieren, die sie schwierig finden. Trainieren Sie im Anschluss auch die Aussprache dieser Wörter.

AB 12, 13, 14

Aufgaben 12–14 im AB eignen sich zur Wiederholung des Gelernten. Entscheiden Sie selbst, ob Sie am Ende der Lektion eine „große" Wiederholung machen oder ob Sie die Aufgaben einzeln zwischendurch bearbeiten lassen, wenn Sie gerade kein neues Thema anfangen möchten.

A2 Lektion 7 – Ein Einkaufsbummel

Lernziele

Informationen zu Produkten erfragen / Kleidung und Personen beschreiben / Gefallen und Missfallen ausdrücken / Speisen und Getränke bestellen

Einstiegsseite

In dieser Lektion wird das Thema *Einkaufen/Shopping*, das die TN bereits aus Lektion 11 des A1.2 Buches kennen, aufgenommen und erweitert. Erklären Sie zu Beginn bitte die Bedeutung von *Einkaufsbummel*.

Da die TN die wichtigsten Kleidungsstücke und Farben bereits benennen können, beginnen Sie die Unterrichtsstunde mit einem Ratespiel, das den bekannten Wortschatz aktiviert. Bringen Sie eine Einkaufstasche mit, in der sich verschiedene Kleidungsstücke befinden, z. B. *eine Mütze, ein T-Shirt, Turnschuhe und ein Kleid*. Jedes Kleidungsstück sollte möglichst eine andere Farbe haben. Erzählen Sie den TN, dass Sie einen Einkaufsbummel in der Stadt gemacht haben. Die TN sollen nun herausfinden, was Sie wohl gekauft haben. Es gibt verschiedene Möglichkeiten, das Ratespiel zu variieren. Die TN können zum Beispiel Fragen stellen, die Sie nur mit Ja oder Nein beantworten: *Zieht man das meistens im Winter/Sommer an? Ziehen Männer/Frauen das auch an?* Je nachdem, welche (und wie viele) Kleidungsstücke Sie auswählen, können Sie das Ratespiel einfacher oder schwieriger gestalten. Wenn die TN ein Kleidungsstück richtig erraten haben, legen Sie es auf den Tisch. Entscheiden Sie selbst, ob Sie die entsprechenden Begriffe sofort an die Tafel schreiben oder erst, nachdem alle Kleidungsstücke auf dem Tisch liegen. Notieren Sie die Begriffe bitte mit Artikeln und Pluralformen.

Anschließend sehen die TN sich das große Foto auf der Einstiegsseite an. Es zeigt die drei Hauptfiguren dieser Lektion, Karim, Joana und Rabea. Die TN beschreiben zunächst möglichst detailliert die Kleidung der drei Personen. Geben Sie ihnen einige Minuten Zeit, um in PA Ideen zu sammeln und sich Notizen zu machen, bevor Sie die Ergebnisse im PL zusammentragen und an der Tafel festhalten.

Zusätzlich können die TN spekulieren, was die drei wohl gekauft haben. Überlegen Sie dann im PL, in welchen Geschäften (bzw. Abteilungen im Kaufhaus) man die genannten Dinge kaufen kann und was es sonst noch in diesen Geschäften/Abteilungen gibt.

Mögliche Kategorien sind:

Schmuck	Drogerie/Parfümerie
Armband	Parfüm
Uhr	Schampoo
...	...
Elektro	**Kleidung**
USB-Stick	...
...	...

Zum Schluss bietet es sich noch an, das Thema Müllvermeidung anzusprechen, das in Deutschland im Rahmen des Umweltschutzes einen höheren Stellenwert hat als in vielen anderen Ländern. Fragen Sie die TN, aus welchem Material die Einkaufstüten sind, die auf den Fotos zu sehen sind, und was besser ist, Plastik oder Papier. Besprechen Sie, welche Alternativen es noch gibt und regen Sie an, beim nächsten Einkauf darauf zu achten, ob die meisten Kunden ihre Waren in mitgebrachte Stofftaschen, Rucksäcke, Einkaufskörbe oder in gekaufte Plastiktüten packen.

Erste Doppelseite: Wie gefällt dir die Hose?

KB 1, AB 1, 2, 3

Die TN haben bereits auf der Stufe A1 gelernt, in sehr einfacher Form über Kleidung zu sprechen und Vorlieben auszudrücken: Das Kleid finde ich *schön, hässlich, gut* etc. In Aufgabe 1a und 1b im KB werden die beschreibenden Adjektive teilweise wiederholt und durch weitere ergänzt. Fragen Sie die TN, welche Adjektive sie außerdem noch kennen, die zum Thema *Kleidung* passen (z. B. *bequem, praktisch, preiswert, klein, eng, teuer* etc.).

In Aufgabe 1c sollen die TN über eigene Erfahrungen sprechen. Die Fragen im Buch sind Vorschläge, die Sie erweitern und an den Lernstand und die Interessen der Gruppe anpassen können.

In Teilaufgabe d hören die TN einen Dialog und ergänzen die fehlenden Wörter. Erklären Sie im Anschluss mit Hilfe der Beispiele in den Grammatikkästen die Demonstrativpronomen im Nominativ und im Akkusativ. Trainieren können die TN die neu gelernte

Grammatik, indem sie den Dialog in PA variieren. Zusätzliche Übungsmöglichkeiten bietet Aufgabe 3 im AB. Aufgaben 1 und 2 im AB eignen sich als Hausaufgabe.

KB 2, AB 4, 5

Erklären Sie die Bedeutung von *ein Paar* (Schuhe) im Unterschied zu *ein paar* (= einige), bevor Sie mit Aufgabe 2 im KB beginnen. Um sicherzustellen, dass alle den Unterschied verstanden haben, schließen Sie Aufgabe 4 im AB direkt an. Erst dann bearbeiten die TN Aufgabe 2 im KB. Besprechen Sie die Lösungen im PL und gehen Sie anschließend noch einmal gesondert auf die Komposita ein. Greifen Sie drei oder vier Beispiele heraus, um den TN in Erinnerung zu rufen, dass man zwei Einzelwörter zu einem neuen Wort zusammensetzen kann (z. B. *Fußball + Schuhe*) und lassen Sie die TN dann in Aufgabe 5 im AB selbst Komposita bilden. Gehen Sie dabei im Raum herum und helfen Sie. Es gibt in einigen Fällen mehr als eine Kombinationsmöglichkeit.

KB 3, AB 6

Das Thema Farben, das die TN schon auf der Stufe A1 kennengelernt haben, wird hier wiederholt und ausgebaut. Nachdem die TN Teilaufgabe a im KB beendet haben, bitten Sie sie, sich im Raum umzuschauen und Aussagen über die Kleidung der anderen zu machen: *Neylas T-Shirt ist gepunktet. Ahmets Hemd ist kariert.* Sie können die Übung auch als Spiel anlegen. Jede/r TN schreibt drei Aussagen über eine Person im Kurs auf, allerdings ohne den Namen der Person zu nennen: *Sein Hemd ist kariert. Seine Hose ist blau. Seine Schuhe sind braun.* Die Aussagen werden laut vorgelesen, und die anderen TN raten, wer gemeint ist. Anschließend bearbeiten die TN Teilaufgaben b und c, wie im Buch vorgeschlagen. Aufgabe 6 im AB kann als Hausaufgabe gegeben werden.

KB 4, AB 7

In Aufgabe 4a wird die Adjektivdeklination mit bestimmten Artikeln im Nominativ und Akkusativ vorgestellt. Dieses Thema ist für viele TN eine Herausforderung. Erklären Sie bitte, dass es völlig normal ist, am Anfang viele Fehler zu machen und dass weder auf dem Niveau A2 noch auf dem Niveau B1 erwartet wird, dass die TN die Adjektivdeklination perfekt beherrschen. Erklären Sie bitte auch, dass falsche Adjektivendungen zu den „kleinen" Fehlern gehören, die die Kommunikation im Alltag nicht wesentlich beeinträchtigen. Trotzdem ist natürlich der korrekte Sprachgebrauch das übergeordnete Ziel. Deshalb sollen die TN nach und nach mit dem Thema vertraut gemacht werden. Sie finden in diesem LHB an geeigneter Stelle Hinweise zu Übungsmöglichkeiten.

Teilaufgabe b sollte im PL durchgeführt werden, damit Sie helfen und korrigieren können. Aufgabe 7 im AB kann zur Festigung als Hausaufgabe gegeben werden.

Zweite Doppelseite: In welchem Stockwerk gibt es was?

KB 5, AB 8

In Aufgabe 5 lernen die TN typische Orientierungshilfen kennen, die den Kunden in Kaufhäusern oder Einkaufszentren helfen, bestimmte Geschäfte oder Abteilungen zu finden. Dazu beschäftigen sich die TN zunächst eigenständig mit Aufgabe 1a. Nachdem alle fertig sind, vergleichen Sie die Lösungen und klären Sie Wortfragen.

Teilaufgabe b vertieft das Thema *Komposita*, das im ersten Teil der Lektion schon angesprochen wurde. Die Aufgabe kann in PA gemacht werden. Direkt im Anschluss bearbeiten die TN – ebenfalls in PA – Teilaufgabe c. Aufgabe 8 im AB eignet sich als Hausaufgabe oder zur Wiederholung in der nächsten Unterrichtsstunde.

KB 6, AB 9

Fragen Sie die TN zum Einstieg in Aufgabe 6, wo es in ihrer Nähe einen Elektromarkt gibt und was man dort kaufen kann. Schön wäre es, wenn Sie als Anschauungsmaterial aktuelle Werbeprospekte mitbringen könnten.

In Aufgabe 6c lernen die TN die Adjektivdeklination mit unbestimmten Artikeln im Nominativ und Akkusativ kennen. Teilaufgaben a und b führen darauf hin. Schreiben Sie zum Vergleich die Tabelle mit den bestimmten Artikeln aus Aufgabe 4a im KB an die Tafel und helfen Sie den TN, Regelmäßigkeiten zu erkennen, die das Erarbeiten der Formen erleichtern.

Die Aufgaben 6d und e im KB bieten die Möglichkeit, das Gelernte anzuwenden. In lernstarken Gruppen kann Aufgabe 9 im AB zur Festigung als Hausaufgabe gegeben werden. In schwächeren Gruppen eignet sich die Aufgabe als Wiederholung in der nächsten Stunde.

KB 7, AB 10

In dieser Aufgabe geht es um Personenbeschreibungen. Erarbeiten Sie im PL den Wortschatz in den grauen Kästen und bitten Sie die TN dann, den Mann auf dem Foto zu beschreiben. Im Anschluss sollten die TN zu Übungszwecken weitere Personen beschreiben. Dazu gibt es mehrere Möglichkeiten. Sie können zum Beispiel Bilder von Prominenten mitbringen und diese Personen in PA oder im PL beschreiben lassen. Entscheiden Sie selbst, ob Sie lieber Bilder von international bekannten Personen mitbringen möchten und/oder Personen, die sich speziell in Deutschland einen Namen gemacht haben. Alternativ beschreiben die TN sich gegenseitig, so wie in Teilaufgabe d vorgeschlagen. Aufgabe 10 im AB kann als Hausaufgabe gegeben werden.

Dritte Doppelseite: Lass uns etwas essen gehen!

KB 8, AB 11

Zum Einstieg in den letzten Teil dieser Lektion sollen die TN zunächst überlegen, was sie mit deutschem Essen in Verbindung bringen. Ideen für weiterführende Fragen:

- *Was schmeckt Ihnen in Deutschland besonders gut? Was mögen Sie nicht so gern?*
- *Welche Lebensmittel oder Gerichte haben Sie in Deutschland neu kennengelernt?*
- *Was möchten Sie gerne mal probieren?*

Sprechen Sie dann über die Gerichte, die auf den Fotos in Aufgabe 8b zu sehen sind. Fragen Sie die TN, ob diese oder ähnliche Gerichte auch auf einer Speisekarte in ihrem Land denkbar wären. Wenn nicht, was würde man dort eher finden? Tipp für weiterführende Übungsmöglichkeiten: Bitten Sie die TN, zur nächste Stunde Bilder von Gerichten mitzubringen, die in ihren Ländern gern und oft gegessen werden. Zu Beginn der nächsten Stunde stellen Sie die Gerichte im Kurs vor. Lernstarke TN beschreiben, welche Zutaten man braucht und wie die Gerichte zubereitet werden. Aufgabe 11 im AB fasst noch einmal relevanten Wortschatz zu diesem Thema zusammen und eignet sich als Vorbereitung auf diese Aufgabe.

KB 9

In Aufgabe 9 lernen die TN, im Restaurant etwas zu bestellen. In den Teilaufgaben a und b hören Sie einen Beispieldialog und lernen erste relevante Redewendungen kennen. Halten Sie diese an der Tafel fest, z. B. *etwas zu essen/trinken bestellen, in die Speisekarte schauen etc.* Überlegen Sie, ob Sie die Hörtexte zu dieser Übung als Kopien zur Verfügung stellen möchten, damit die TN die Dialoge in PA üben können.

Bevor die TN sich mit Aufgabe 9c beschäftigen, erklären Sie bitte die Wörter *Vor-, Haupt-* und *Nachspeise.* Anschließend lesen einzelne TN die Speisekarte abschnittweise im PL vor. Nachdem alle Wortfragen geklärt sind, hören die TN den Dialog und bearbeiten die Aufgabe. Kommen Sie, nachdem Sie die Lösungen verglichen haben, noch einmal auf die Speisekarte zurück und stellen Sie vertiefende Fragen, z. B. *Welche Zutaten sind im Sommersalat? Was kostet eine kleine Tomatensuppe? Und eine große?*

Nutzen Sie die Speisekarte in Teilaufgabe c auch, um die Adjektivdeklination zu trainieren. Lassen Sie die TN dazu zum Beispiel Mini-Dialoge nach folgendem Schema variieren:

A: Ich nehme eine kleine Tomatensuppe. Und du?
(Apfelkuchen/warm; Sommersalat/groß)

B: Ich möchte einen kleinen Sommersalat.
(Gulaschsuppe/scharf; Tomatensuppe/groß)

Alternativ können Sie auch eine Tabelle mit Adjektiven in der linken und Substantiven in der rechten Spalte an die Tafel schreiben und die TN unterschiedliche Kombinationsmöglichkeiten finden lassen:

Adjektive	Substantive
frisch	Suppe
scharf	Salat
heiß	Gurke
grün	Kräuter
lecker	Oliven
vegetarisch	Kartoffel
süß ...	Nachspeise ...

Beispiele: Ich möchte eine heiße Suppe, grüne Oliven, einen vegetarischen Salat, eine süße Nachspeise etc.

KB 10, AB 12

In Aufgabe 10a unterhalten sich die TN in PA oder GA darüber, welche Gerichte sie selbst gern essen würden. Tipp zur Binnendifferenzierung: Schwächere TN sehen sich dazu noch einmal die Speisekarte im Buch an. Stärkere TN können mit einer authentischen Speisekarte arbeiten, die Sie aus einem Restaurant in Ihrer Nähe mitgebracht haben.

Anschließend machen die TN in PA das Rollenspiel in Aufgabe 10b. Lassen Sie zur Vorbereitung Aufgabe 12 im AB bearbeiten. Ganz zum Schluss sollten Freiwillige die Möglichkeit haben, den Dialog im PL vorzutragen.

A2 Lektion 8 – Bei der Arbeit

Lernziele

Sich über Arbeitsabläufe informieren | Arbeitsaufträge und Mitteilungen von Kollegen verstehen und darauf reagieren | (Sicherheits-)Vorschriften und wichtige Arbeitsdokumente verstehen | Absprachen treffen

Einstiegsseite

Steigen Sie in die Lektion ein, indem Sie die TN bitten, in PA die Fotos der Einstiegsseite zu beschreiben. Geben Sie den TN hierfür einige Minuten Zeit und erarbeiten Sie anschließend ein Assoziogramm mit dem zentralen Wortschatz an der Tafel. Ausgehend von dem Assoziogramm im petrolfarbenen Kasten der Einstiegsseite sammeln Sie den von den TN im PL genannten Wortschatz zum Thema *Arbeit*. Zur systematischen Erarbeitung des Wortschatzes können Sie die genannten Wörter auch auf unterschiedliche Weise anordnen (z. B. thematisch oder nach Wortarten, siehe Kasten).

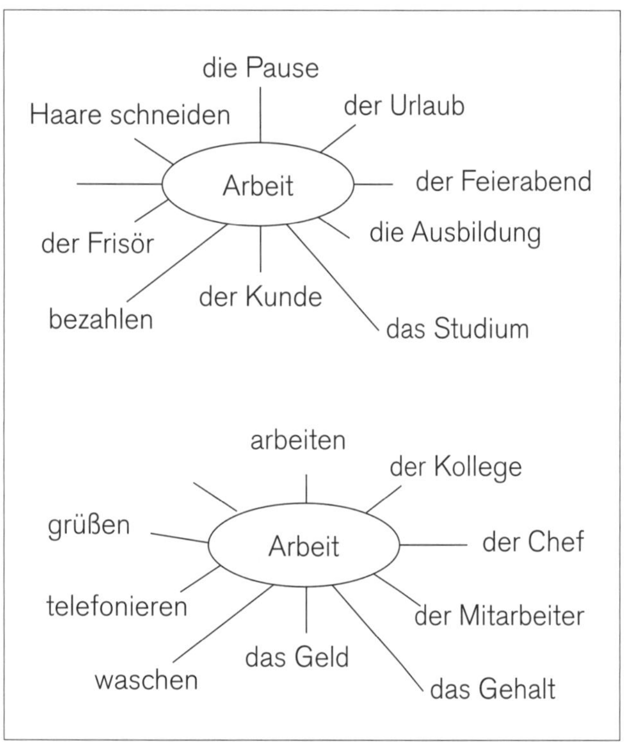

Versuchen Sie das Zusammentragen des themen- und lektionsrelevanten Wortschatzes etwas zu steuern und greifen Sie auch folgende Begriffe auf: *Steuer, Sozialversicherung, Krankenversicherung, Rentenversicherung, Konto, Arbeitgeber, Arbeitnehmer, Termin, Vertrag.*

Damit sich die TN von der Erarbeitung des z.T. schwierigen Wortschatzes erholen, empfehlen wir Ihnen folgende spielerische Wortschatzphase zu nutzen. In GA erstellen die TN innerhalb von zehn Minuten je eine Liste von Berufen, die sie kennen. Beim anschließenden Abgleich im PL gewinnt die Gruppe, welche die meisten Berufsbezeichnungen notiert hat. Sie können die Aufgabenstellung je nach Bedarf und Lerngruppe abändern, z. B. nur verbalisierte Berufsbezeichnungen (ohne/mit Wörterbuch gefundene) oder auch gezeichnete/pantomimisch dargestellte Berufe gelten lassen. Auf diese Weise können Sie den Übungserfordernissen bzw. Talenten der TN Rechnung tragen (Rekapitulation des Wortschatzes sowie der Rechtschreibung, Üben des Umgangs mit Wörterbüchern, zeichnen, schauspielern).

Nachdem die TN den Wortschatz rund um das Thema Arbeit auf diese verschiedenen Arten erarbeitet haben, bitten Sie sie die Fotos der Einstiegsseite in GA erneut zu beschreiben). Hierdurch können die TN den soeben wiederholten bzw. kennengelernten Wortschatz direkt anwenden und im Vergleich zur anfänglichen Bildbeschreibung bereits zu diesem Zeitpunkt der Lektion ein Erfolgserlebnis haben.

Erste Doppelseite: Das sind meine Aufgaben im Büro.

AB 1

Zur weiteren Vorentlastung dient die Aufgabe 1 im AB. Es ist ratsam, die Teilaufgabe a in EA und die Teilaufgabe b in PA/GA zu bearbeiten. Haben Sie den Vorschlag der Wortschatzarbeit im Rahmen der Einstiegsseite umgesetzt und erachten die Beschäftigung mit den Berufsbezeichnungen an dieser Stelle für ausreichend, verwenden Sie die Aufgabe 1 im AB als Hausaufgabe.

KB 1, AB 2

Bevor Sie mit der Arbeit an der Aufgabe 1 im KB beginnen, besprechen Sie mit den TN das Unterthema *Neue Arbeitsstelle*. Bitten Sie die TN im PL zu berichten, was Sie getan/gebraucht haben, als sie bei einer neuen Stelle zu arbeiten angefangen haben. Thematisieren Sie Begriffe wie *Vorstellungsgespräch, Telefonzentrale, Buchhaltung, Personalbüro, Arbeitsvertrag* etc. und unterstützen Sie das Verständnis eventuell durch einen Tafelanschrieb.

Nun bearbeiten die TN die Teilaufgabe 1a und nach der Überprüfung der Lösung die Teilaufgabe 1b. Sollten Sie die Teilaufgabe 1b etwas vereinfachen wollen, lassen Sie die TN in PA doch zuerst alle möglichen Wortverbindungen notieren, die sich aus den Wörtern des grauen Kastens bilden lassen. Besprechen Sie dann die Ergebnisse und lassen die TN in PA die Lücken füllen.

Lenken Sie die Aufmerksamkeit der TN auf den Konjunktiv II. Nennen und notieren Sie Beispielsätze an der Tafel, entweder im Hörtext vorkommende Sätze oder Beispiele aus dem Unterrichtsalltag, z. B. *Könnten Sie bitte das Fenster schließen? Könntest du das bitte vorlesen?*

Erarbeiten Sie das erste Umformungsbeispiel der Teilaufgabe 1c des KBs an der Tafel (siehe Sätze 1 der Teilaufgaben 1b und 1c). Geben Sie den TN die Formen könnten und würden an die Hand und bitten Sie sie, mit diesen beiden Konjunktiv II-Formen die Sätze in EA/PA umzuformen. Zum systematischen Erarbeiten bzw. zur Einübung der Konjunktiv II-Formen und deren Gebrauch, dienen die Teilaufgaben 2a und 2b im AB. Sollten die TN mit der Verwendung des Konjunktiv II als höfliche Frage bereits Verständnis- oder Anwendungsschwierigkeiten gezeigt haben, verzichten Sie auf die Teilaufgabe 2c im AB.

KB 2, AB 3

Beginnen Sie diesen Übungsabschnitt möglichst mit der Aufgabe 3 im AB. Weisen Sie die TN vor dem Lesen darauf hin, dass es ganz normal ist, wenn sie nicht alles verstehen. Sie sollen sich auf das Entscheiden, ob die Aussagen richtig oder falsch sind, konzentrieren. Um die Fokussierung auf die Aussagen zu unterstützen, lesen Sie mit den TN die drei Aussagen jeweils vor der Bearbeitung der E-Mails. Durch das Lesen und Bearbeiten der beiden E-Mails in EA/PA üben sie das selektive Lesen, was sie auch für die Lösung der Aufgabe 2 im KB benötigen. Je nachdem, wie Sie Ihren Unterricht planen, kann die Teilaufgabe 3b gleich im Anschluss oder später z. B. in Form einer Hausaufgabe bearbeitet werden.

Leiten Sie nun (mit einem Unterrichtsgespräch über Terminkalender oder Pünktlichkeit) zur Aufgabe 2 im KB über. Lesen Sie im PL die ersten beiden Sätze der E-Mail und verweisen Sie auf die entsprechende Eintragung im Terminkalender. Lassen Sie die TN nun in EA/PA die gesamte Teilaufgabe 2a im KB lösen. Sind die Eintragungen von den TN korrekt vorgenommen worden, lassen Sie sie die Aufgaben 2b und 2c bearbeiten. Nutzen Sie auch hier die Möglichkeit, der partnerschaftlichen Arbeit und wechselseitigen Lernerkorrektur, indem diese Teilaufgaben in PA bearbeitet werden. Eine Vereinfachung der Teilaufgabe 2b im KB erzielen Sie, wenn Sie den auf dem Notizzettel vorhandenen Wortschatz erklären bzw. dessen Verständnis sicherstellen. So können Sie die TN vor der eigentlichen Aufgabenbearbeitung auffordern, auf dem Notizzettel Synonyme für folgende Wörter zu finden: *helfen, geben/hinstellen, Papiere/ Dokumente.*

KB 3, AB 4

Damit sich die TN mit den Wörtern und Wortverbindungen gängiger Bürotätigkeiten vertraut machen, lassen Sie sie die Aufgabe 4 im AB bearbeiten. Zur Binnendifferenzierung können Sie schnelle TN bitten, nah der Bearbeitung der Teilaufgabe 4a Nomen zu finden, die mit den Verben gebraucht werden können. Durch die Besprechung der durch die TN gefundenen Beispiele werden allen TN die Bedeutungen der Verben erklärt und somit die nachfolgende Teilaufgabe vorentlastet. Die Teilaufgaben 4b und 4c im AB können gut in PA gelöst werden. Eine optimale Verzahnung mit der Aufgabe 3 im KB erzielen Sie, wenn Sie die TN die im Imperativ geschriebenen Aufforderungen der Teilaufgabe 4c im AB in den Konjunktiv setzen lassen.

Nun bearbeiten die TN entsprechend der Aufgabenstellungen die Teilaufgaben 3a und 3b im KB. Möchten Sie die Teilaufgabe 3b im KB etwas vereinfachen, können die TN zuerst Fragen im Konjunktiv II formulieren, um dann im Anschluss in PA mittels dieser Fragen Arbeitsaufträge/Termine zu vereinbaren.

Zweite Doppelseite: Sicherheit am Arbeitsplatz geht vor!

KB 4, AB 5

Um zum neuen Unterthema überzuleiten zeichnen Sie doch Flammen an die Tafel und notieren Sie welche Wörter den TN dazu einfallen. Lassen Sie die TN ihr vorhandenes Wissen aktivieren, indem Sie sie in GA besprechen und im Anschluss im PL berichten lassen, welche Gründe Brände haben können.

Verdeutlichen Sie den TN anhand eines Beispiels den Gebrauch von dürfen + Negation und lassen Sie sie die Teilaufgaben 4a, 4b und 4c möglichst in PA besprechen und bearbeiten. Im günstigsten Fall lassen Sie die TN vor den die produktiven Fertigkeiten übenden Teilaufgabe 4b und 4c im KB, noch die die rezeptive Fertigkeit des Hörverstehens trainierende Teilaufgabe 5a im AB lösen.

Die Teilaufgaben 5b und 5c im AB sind als Wiederholung des vermittelten Lernstoffes als Hausaufgabe gut geeignet.

KB 5

Leiten Sie vom Brand- zum Arbeitsschutz über und lassen Sie die TN die drei Fotos der Teilaufgabe 5a im KB beschreiben. Um möglichst alle TN am Gespräch über die Fotos zu beteiligen, lassen Sie die TN doch in Kleingruppen die Fotos besprechen. Entweder bitten Sie jede Kleingruppe alle Fotos zu beschreiben oder weisen den Gruppen je ein Foto zu, das sie so genau wie möglich beschreiben sollen – gerne auch unter Zuhilfenahme von Wörterbüchern. Im Anschluss bearbeiten die TN in GA die Aufgabenstellung der Teilaufgabe 5a im KB. Die von den TN im PL vorgetragenen Punkte, die man beachten sollte, formulieren Sie bitte in Tipps um und schreiben Sie an die Tafel. Auf diese Weise erklären Sie den TN den Gebrauch des Hilfsverbs sollen. Durch diese Vorentlastung können Sie gleich zur Teilaufgabe 5b im KB übergehen und von den TN in EA/PA Tipps schreiben lassen.

Ist Ihre Lerngruppe eher zurückhaltend, sammeln Sie im PL in Form von Stichpunkten an der Tafel, was man im Deutschkurs tun soll/sollte und lassen dann die TN anschließend in PA die Stichpunkte ausformulieren. Sind die TN aktiv und im Ideenformulieren geübt, lassen Sie die TN in GA die Teilaufgabe ohne vorgeschaltete PL-Phase frei bearbeiten. Hierdurch erhalten Sie zusätzlich interessante Gespräche über die sicherlich von Gruppe zu Gruppe sich unterscheidenden, vorgeschlagenen Kursregeln.

Dritte Doppelseite: Es gibt viel zu tun!

KB 6, AB 6, 8, 9, 10

Um die TN optimal auf die Teilaufgaben 6a und 6b im KB vorzubereiten, beginnen Sie mit der Aufgabe 6 im AB. Lassen Sie die TN erst einmal die Optionen zum Ankreuzen durchlesen und klären Verständnisfragen. Nun hören die TN den Text, kreuzen das Entsprechende an und vergleichen Ihre Ergebnisse mit den Sitznachbarn und ggf. noch im PL. In PA/GA verfassen die TN nun Ratschläge für die Praktikantin.

Vermeiden Sie im Unterricht nach Möglichkeit Schreiben in EA, damit die TN die Gelegenheit haben, sich auszutauschen, lernen, nach Hilfe zu fragen und einander Hilfe zu leisten. Mit dieser Übung haben die TN das Geben von Tipps geübt, welches sie in anderer Form in den nun folgenden Teilaufgaben 6a und 6b im KB benötigen. Lassen Sie diese Teilaufgaben wie im KB angegeben bearbeiten.
Bezug nehmend auf die erste Doppelseite dieser Lektion ist die Aufgabe 10 im AB konzipiert, welche dem Transfer der Konjunktiv II-Formen in Imperativ-Sätze dient und als Hausaufgabe zu empfehlen ist. Zur reinen Wiederholung ist die Aufgabe 9 im AB zu verwenden.

Zur Wiederholung der Verben mit Dativ setzen die TN zuerst die Verben aus den Buchstaben der Teilaufgabe 8a im AB zusammen. Frischen Sie die Artikel im Dativ auf und lassen Sie die TN die Teilaufgabe 6c im KB bearbeiten. Nach der Beschäftigung mit den Artikeln im Dativ, folgen die Possessivpronomen im Dativ, welche Sie nach einer kurzen PL-Phase am besten mit der Teilaufgabe 6d im KB üben. Zur Vertiefung bietet sich die Teilaufgabe 8c im AB an.

KB 7, AB 7, 11

Bevor Sie die Aufgabe 7 im KB bearbeiten, stellen Sie sicher, dass die TN verstehen, was die Begriffe *Grafik, Text, Artikel, Newsletter, Werbeflyer, Werbetexter, Kontakt haben, Abteilung, Bereich, Leiterin, Besprechung* bedeuten. Um die TN stärker in diese Wortschatzvermittlungsphase einzubeziehen, lassen Sie doch je einen Begriff von einem TN-Paar erklären. Geben Sie den TN genügend Zeit, sich „ihren" Begriff mit Hilfe eines Wörterbuchs und evtl. erforderlicher Nachfrage bei Ihnen zu erarbeiten. Jedes Paar stellt seinen Begriff dann im PL vor. Nach dieser Vorentlastung bearbeiten die TN in EA die Teilaufgaben 7a und 7b im KB und vergleichen die Ergebnisse im PL. Je nach Lerngruppe lassen Sie die Texte zur Teilaufgabe 7c im KB im Unterricht oder als Hausaufgabe verfassen.

Zum Training des Leseverstehens und als Beispiel für das in Teilaufgabe 7c im KB zu schreibende Berufsportrait dient die Aufgabe 11 im AB.

Aufgabe 7 im AB bietet die Möglichkeit, anhand vorgegebener Stichpunkte eine berufsrelevante E-Mail zu verfassen/zu üben.

KB 8

Bearbeiten Sie die Teilaufgaben 8a und 8b im KB wie angegeben. Zusätzlich können Sie acht Begriffe auf Kärtchen schreiben. Erstellen Sie acht weitere Kärtchen, auf die sie je eine Definition eines Begriffs schreiben. Lassen Sie von den TN in PA/GA die Definitionen den Begriffen zuordnen.

A2 Lektion 9 – In der Schule

Lernziele

Informationen zu Schultypen und außerschulischen Angeboten verstehen / Schulformen vergleichen und darüber diskutieren / Mitteilungen aus der Schule verstehen / Über die eigene Schulzeit sprechen

Einstiegsseite

Steigen Sie in die Lektion ein, indem Sie zuerst die Personen auf den Fotos beschreiben lassen. Das ist eine gute Gelegenheit, um die Adjektivdeklination, die die TN in Lektion 7 kennengelernt haben, zu wiederholen und zu üben: *Der Junge trägt ein weißes T-Shirt und einen blauen Pullover.*

Aktivieren Sie dann vorhandenen Wortschatz zum Thema Schule, indem Sie die TN bitten, über die auf den Fotos dargestellten Situationen zu sprechen. Mögliche Leitfragen sind:

- *Was glauben Sie: Geht der Junge auf dem großen Foto wohl gerne in die Schule?*
- *Was macht er gerade? Wo ist er?*
- *Wo sind die Kinder auf dem kleinen Foto unten in der Mitte? Im Klassenraum? In der Sporthalle? Auf dem Schulhof?*

Um die Lektion zu entlasten, bietet es sich an, an dieser Stelle auch schon einige wichtige Schulfächer vorzustellen. Schreiben Sie dazu die Fächer an die Tafel und lassen Sie die TN überlegen, was man in den einzelnen Fächern macht bzw. lernt. Um die Übung zu vereinfachen, können Sie die Information in der rechten Spalte vorgeben und zuordnen lassen:

Schulfach	Lernstoff/Tätigkeit
Sport	singen
Mathematik	rechnen
Englisch	etwas über Tier, Pflanzen und Menschen lernen
Biologie	malen, zeichnen, basteln
Musik	Grammatik lernen, Wörter lernen
Kunst	Fußball/Basketball spielen, turnen
…	…

Geben Sie den TN im Anschluss die Möglichkeit, etwas über ihre eigene Schulzeit zu erzählen, sofern sie dies möchten. Es ist völlig in Ordnung, wenn die Beiträge zu diesem Zeitpunkt noch sehr knapp ausfallen. Wenn die TN gar keine eigenen Ideen haben, helfen Sie mit einfachen Fragen:

- *Wo sind Sie zur Schule gegangen?*
- *Sind Sie gerne zur Schule gegangen? Was war schön? Was war nicht so schön?*
- *Haben Sie gerne Sport gemacht? Mathe? English?*
- *Wie waren die Lehrer? Nett? Streng?*
- *Wie viele Kinder waren in einer Klasse?*

Die Überleitung vom Einstiegsgespräch zu Aufgabe 1a auf der nächsten Seite kann fließend gestaltet werden, da das Unterrichtsgespräch dort zunächst in ganz ähnlicher Form – allerdings mit einem anderen inhaltlichen Schwerpunkt – fortgesetzt wird.

Erste Doppelseite: Jetzt verstehe ich das deutsche Schulsystem!

KB 1, AB 1, 2

Lassen Sie die TN zu Beginn erzählen, was sie bereits über deutsche Schulen wissen und welche Unterschiede ihnen spontan zu den Schulen in ihren Herkunftsländern einfallen. Verschaffen Sie sich während des Unterrichtsgesprächs auch einen Überblick, wie viele der TN schulpflichtige Kinder haben, damit Sie einschätzen können, welchen Stellenwert das Lektionsthema für Ihre Gruppe hat.

Im Anschluss lesen die TN den Text in Aufgabe 1b, der als Hinführung auf Aufgabe 1c dient. Klären Sie Wortfragen und stellen Sie zusätzliche Fragen, um das Textverständnis zu sichern, z. B. *Um wie viel Uhr beginnt die Veranstaltung? In welchem Raum findet sie statt? Muss man sich anmelden?*

In Teilaufgabe c hören die TN den ersten Teil eines Vortrags über das Schulsystem. Bevor Sie die Tonaufnahme abspielen, erklären Sie bitte, dass Schulbildung in Deutschland Ländersache ist und dass es deshalb kein bundesweit einheitliches System gibt. Sollte der Hörtext oder das dazugehörige Schaubild im Buch Informationen enthalten, die auf Ihr Bundesland nicht zutreffen, erläutern Sie bitte die Unterschiede. Das Schaubild ist bewusst einfach gehalten, um den TN zunächst einen groben Überblick zu geben. Ergänzen Sie gegebenenfalls weitere Informationen.

Die TN sollten die Möglichkeit haben, den Vortrag mindestens zweimal zu hören. Beim ersten Durchgang versuchen sie, die Informationen, die sie hören, anhand des Schaubildes im Buch einfach nur nachzuvollziehen. Bevor Sie die Tonaufnahme zum zweiten Mal abspielen, geben Sie den TN ein paar Minuten Zeit, um die vier Fragen zu lesen. Klären Sie Wortfragen, die für die Bearbeitung dieser Teilaufgabe relevant sind, erklären Sie aber bitte noch nicht das gesamte Schaubild. Weiterer Wortschatz kann ergänzt werden, wenn die TN in Teilaufgabe f den zweiten Teil des Dialogs hören. Nachdem die TN die vier Fragen in Bezug auf das deutsche Schulsystem beantwortet haben, geben Sie ihnen die Gelegenheit, über ihre Herkunftsländer zu sprechen: *Wie ist es dort? Welche Gemeinsamkeiten und Unterschiede gibt es?*

In Aufgabe 1d werden Satzverbindungen mit dass vorgestellt. Dazu ordnen die TN die Satzteile zunächst nur zu. In Teilaufgabe f hören sie weitere Anwendungsbeispiele. Geben Sie den TN Zeit, um die Aussagen in 1f zu lesen, bevor sie den zweiten Teil des Vortrags hören. Gehen Sie dann genauso vor wie in Teilaufgabe c: Beim ersten Hören denken sich die TN in das Schaubild hinein, und erst beim zweiten Hören entscheiden sie, ob die Aussagen richtig oder falsch sind. Vergleichen Sie anschließend die Lösungen und beantworten Sie Wortfragen – auch die, die Sie gegebenenfalls in 1c zurückgestellt haben. Erklären Sie bitte auch das Wort *Gesamtschule*, sofern das noch nicht geschehen ist.

Die Aufgaben 1 und 2 im AB können die TN zur Wiederholung als Hausaufgabe bearbeiten.

KB 2, AB 3

In dieser Aufgabe lernen die TN, ihre Meinung zu einem vorgegebenen Thema zu sagen. Die Beispieltexte in Aufgabe 2a und Kommunikationshilfen in 2b unterstützen sie dabei. Gleichzeitig haben die TN hier die Möglichkeit, Satzverbindungen mit dass, die sie in 1e und f schon kennengelernt haben, aktiv zu üben.

Wenn Sie befürchten, dass die Gruppe mit der Aufgabenstellung überfordert sein könnte, schalten Sie eine einfache mündliche Übung vor, in der die TN sich nur auf die dass-Sätze konzentrieren. Dazu schauen sie sich noch einmal die Liste mit den Schulfächern, die Sie in der Einstiegsphase an die Tafel geschrieben haben, an und sagen, ob sie die Fächer langweilig oder interessant finden: *Ich finde, dass Biologie langweilig ist. Ich finde, dass Mathe interessant ist.* Üben Sie auch die Frageform: *Findest du, dass Mathe langweilig ist?* Wenn die TN die Aussage- und Fragesätze sicher bilden können, leiten Sie zu Aufgabe 2 im Buch über. Aufgabe 3 im AB kann als Hausaufgabe gegeben werden.

Zweite Doppelseite: Meine Lieblingsfächer damals waren…

KB 3, AB 4, 5

Gleichen Sie zu Beginn die Liste der Schulfächer aus dem grauen Kasten mit der Liste ab, die Sie in der Einstiegsphase an die Tafel geschrieben haben. Sind neue Fächer hinzugekommen? Wenn ja, fragen Sie die TN, ob sie schon eine Vorstellung davon haben, worum es in diesen Fächern geht, lassen Sie die Antworten aber noch offen. Die TN vervollständigen dann in PA oder EA Aufgabe 3a und überprüfen, ob sie mit ihren Vermutungen recht hatten.

In den Teilaufgaben b-d lernen die TN, über Lieblingsfächer und Berufswünsche zu sprechen. Erklären Sie, dass man Berufswünsche mit dem Verb werden ausdrücken kann: *Annika will/möchte Feuerwehrfrau werden.* Um zusätzliche Beispiele zu geben, fragen Sie einige TN, von denen Sie wissen, dass sie Kinder haben, was ihr Sohn oder ihre Tochter später einmal werden möchte.

Aufgabe 4 im AB kann als Hausaufgabe gegeben werden. Aufgabe 5 im AB eignet sich gut zum Einstieg in die nächste Unterrichtsstunde, kann in lernstarken Gruppen aber auch zu Hause gemacht werden.

KB 4, AB 6

In Aufgabe 4 im KB lernen die TN die Modalverben im Präteritum kennen. Wiederholen Sie die Verben *können, dürfen, müssen, wollen* und *sollen* im Präsens, bevor Sie mit der Übung beginnen. Dazu können die TN Aufgabe 6a und b im AB bearbeiten. Die TN hören dann den Text im KB und setzen die fehlenden Verben ein. Anschließend hören Sie den Text noch einmal und überprüfen ihre Lösungen.
Um das Textverständnis zu sichern, sollten einzelne die TN den Text danach noch einmal Satz für Satz vorlesen. Klären Sie Wortfragen und halten Sie den neuen Wortschatz an der Tafel fest.

Erklären Sie dann anhand des Grammatikkastens die Verbformen von *können* im Präteritum. Die Formen für die übrigen Modalverben erarbeiten die TN mit Hilfe der Information im zweiten Grammatikkasten selbstständig. In Aufgabe 6a im AB finden sie eine Verbtabelle, die sie nur noch ausfüllen müssen. Im Anschluss bearbeiten die TN Aufgabe 4b im KB und Aufgabe 6d im AB.

Aufgabe 6e im AB kann als Hausaufgabe gegeben oder im Unterricht gemacht werden. Lernstarke TN sollten ihre Antworten nicht ins Buch schreiben, sondern auf ein separates Blatt, damit sie Platz haben, ausführlichere Antworten zu formulieren.

In Aufgabe 4c im Kursbuch sollen die TN einen zusammenhängenden Text schreiben. Die Aufgabe kann zu Hause oder im Unterricht bearbeitet werden. Bevor die TN mit dem Schreiben beginnen, wiederholen Sie wichtige Verbindungswörter (*bevor, dann, danach, deshalb, weil* etc.), die den TN helfen, ihre Sätze sinnvoll zu verknüpfen.

Dritte Doppelseite: Manchmal müssen auch Eltern in die Schule gehen.

KB 5, AB 7

Erarbeiten Sie die beiden Texte in Aufgabe 5a im PL, indem Sie einzelne TN bitten, die Texte abschnittweise vorzulesen. Erklären Sie unbekannte Wörter und stellen Sie Anschlussfragen, um das Textverständnis zu sichern.

In Teilaufgabe b geht es um den Bedeutungsunterschied zwischen *Elternabend* und *Elternsprechtag*. Wenn Sie in Ihrer Gruppe keine TN mit schulpflichtigen Kindern haben, können Sie die Erklärung kurz halten und zügig zur nächsten Aufgabe überleiten. TN mit Kindern, die entweder schon in die Schule gehen oder demnächst eingeschult werden, benötigen hier ausführlichere Erläuterungen. Je besser sie sich vorstellen können, was sie bei einem Elternsprechtag bzw. Elternabend erwartet, desto eher werden auch Berührungsängste abgebaut. Falls Sie TN in der Gruppe haben, die schon mal an einer solchen Veranstaltung teilgenommen haben, lassen Sie sie von ihren Erfahrungen berichten.

Teilaufgabe c bietet Gelegenheit, gesondert auf die Textsorte Brief bzw. E-Mail einzugehen, die auch im *Deutsch-Test für Zuwanderer* eine wichtige Rolle spielt. Sammeln Sie im PL unterschiedliche Varianten für Grußformeln. Die Liste muss nicht lang sein. Wichtig ist, dass die TN mindestens eine Variante für formelle Briefe und eine für informelle Briefe sicher verwenden können:

Anrede	Grußformel am Schluß
Sehr geehrte/r…	Mit freundlichen Grüßen
Liebe/r…	Herzliche/Viele/Liebe Grüße
Hallo…	Bis bald
…	Tschüss

Im Anschluss bearbeiten die TN Aufgabe 5d wie im Buch vorgeschlagen. Aufgabe 7 im AB bietet nochmal zusätzlich Gelegenheit, sich mit der Textsorte Brief zu beschäftigen. Die TN können die Aufgabe zu Hause oder zur Wiederholung in der nächsten Stunde machen.

KB 6, AB 8

In Aufgabe 6 im KB lernen die TN das Indefinitpronomen jeder kennen, das in Teilaufgabe a zunächst von *alle* abgegrenzt wird. Erklären Sie in Teilaufgabe b die Formen im Nominativ und Akkusativ. Anschließend wenden die TN das Gelernte direkt an. Aufgabe 8 im AB bietet weiterführende Übungsmöglichkeiten, die Sie zur Wiederholung in der nächsten Stunde nutzen können. In lernstarken Gruppen können die Übungen auch als Hausaufgabe aufgegeben werden.

Aufgabe 6c bearbeiten die TN so, wie im Buch vorgeschlagen. Überlegen Sie, ob sie die Hörtexte als Kopie zur Verfügung stellen und vertiefende Übungen zum Textverständnis anschließen möchten. Gehen Sie außerdem auf die Redewendungen *Angst haben, dass …* und sich *Sorgen machen um* ein und geben Sie weitere Anwendungsbeispiele aus unterschiedlichen Bereichen, z. B. *Ich mache mir Sorgen um meine Eltern/meine Familie. Ich habe Angst, dass ich keine Arbeit finde/die Prüfung nicht schaffe.* Zu Übungszwecken sollten die TN abschließend eigene Sätze bilden, wobei sie über reale Ängste sprechen dürfen, es aber nicht müssen. Oft ist es einfacher, über die Sorgen und Nöte der Kinder zu sprechen als über die eigenen: *Meine kleine Tochter hat Angst, dass sie im Kindergarten keine Freunde findet.*

KB 7, AB 9

In der letzten Aufgabe dieser Lektion geht es um das Notensystem in Deutschland. Nachdem Sie die Bedeutung der Schulnoten von 1 bis 6 erklärt haben, bearbeiten die TN zunächst Aufgabe 9 im AB. Lassen Sie im Anschluss die weiterführenden Fragen, die Sie im KB finden, diskutieren. Dabei können die TN auf die Kommunikationshilfen aus Aufgabe 2b zurückgreifen.

A2 Lektion 10 – Gesund sein und gesund bleiben

Lernziele

Informationen über Behandlungsmöglichkeiten verstehen / Um Rat fragen oder jemanden beraten, z. B. bezüglich Ernährung oder Hausmittel / Mit der Krankenkasse kommunizieren / Anweisungen verstehen und darauf reagieren

Einstiegsseite

Beginnen Sie die Lektion, indem Sie die TN nach ihrem Befinden fragen und wiederholen Sie mit den TN die korrekten Antwortoptionen, z. B. *Wie geht es Ihnen (heute morgen)? Wie geht es dir? - Danke, es geht mir gut. Und dir/Ihnen/selbst? - Mir geht es (nicht so) gut/schlecht?*. Lassen Sie die TN in PA kleine Gespräche in der Art führen oder nutzen Sie die Fragen und Antworten für eine Kettenübung im PL.

Zur Aktivierung des faktischen und lexikalischen Vorwissens der TN bitten Sie die TN nun in GA Tabellen zu erstellen, was gesund und was ungesund ist (siehe petrolfarbenen Kasten auf der Einstiegsseite). Achten Sie darauf, dass alle TN die Ergebnisse der GA in Tabellenform notieren. Ist die Wortschatzsammlung beendet, stellen Sie neue Gruppen zusammen. In den neuen Gruppen sitzt je ein TN einer der Gruppen, die die Tabellen erstellten. Lassen Sie die TN in den neuen Gruppen die verschiedenen Tabellen vergleichen, besprechen und ggf. von den Vertretern der zusammenstellenden Gruppen die Entscheidung für die Aufnahme einzelner Wörter begründen.

Nach Abschluss dieser wortschatzaktivierenden Phase arbeiten die TN weiterhin in GA. Aufgabe ist es zu besprechen, was sie tun, wenn Sie krank sind/damit sie gesund bleiben. Notieren Sie hierfür die Frage an der Tafel, z. B. *Sie sind krank. - Was tun Sie? / Sie wollen gesund bleiben. - Was machen Sie?* Um die Gespräche lebendig zu halten, können Sie die TN darauf hinweisen, auf die tabellarische Auflistung der vorigen Arbeitsphase zurückzugreifen, auch wenn es nicht ihrem tatsächlichen persönlichen Verhalten entsprechen sollte.

Die letzte Phase der Arbeit an der Einstiegsseite können Sie in PA oder im PL durchführen. Lassen Sie die TN im ersten Schritt die vier Fotos möglichst detailliert beschreiben. Im zweiten Schritt sollen die TN Vermutungen anstellen. Um das Spekulieren anzuregen, können Sie Fragen stellen/an die Tafel schreiben, z. B. Was denken Sie...

- *Warum ist Akono bei Arzt? Was fehlt ihm?*
  Was hat er vor dem Arztbesuch gemacht?
  Was macht er nach dem Arztbesuch?
- *Warum macht die Frau Gymnastik?*
  Ist/War sie krank? Was ist die Frau von Beruf?
  Was macht sie nach dem Sport?
  Was isst sie oft/selten?

Erste Doppelseite: Ich tue viel für meine Gesundheit.

KB 1, AB 1

Die TN bearbeiten - wie in der Aufgabenstellung angegeben - die Teilaufgabe 1a im KB. Ergänzend können die TN in PA den geordneten Dialog laut lesen. Anschließend bearbeiten die TN die Teilaufgabe 1b im KB. Je nachdem, was Sie mit den TN üben möchten, können Sie die Tipps von den TN im Text markieren oder in Listenform notieren lassen. Klären Sie spätestens zu diesem Zeitpunkt unverstandenen Wortschatz bzw. lassen Sie die TN untereinander die Wörter erklären.

Bevor Sie anfangen, mit den Possessivpronomen zu arbeiten, ist es günstig, eine wortschatzauffrischende Phase einzufügen. Je nach Ihnen zur Verfügung stehender Zeit und Zusammensetzung bzw. Stärke Ihrer Lerngruppe können Sie diese Aufgabe in PA, GA oder im PL durchführen. Die Paare/Gruppen/ Sie fertigen eine schematische Darstellung eines Menschen an. Die TN ergänzen diese Zeichnung dann um die Benennungen der Körperteile an den entsprechenden Stellen. Legen Sie ein besonderes Augenmerk auf die Korrektheit der Artikel.

Nun lesen die TN den Dialog noch einmal und markieren die Possessivpronomen, Aufgabe 1c im KB. Besprechen Sie anschließend im PL, welche(s) Possessivpronomen im Nominativ und welche im Akkusativ steht/stehen.

Um den Zusammenhang zwischen Artikel und Possessivpronomenendung selbst zu erfahren und die eigenen Kenntnisse der Artikel der Körperteile zu überprüfen, bearbeiten die TN die Aufgabe 1a im AB. Möchten Sie den TN mehr Hilfestellung geben und die Aufgabe vereinfachen, besprechen Sie vor der eigentlichen Zuordnung der Wörter im PL die Artikel und lassen Sie von den TN notieren.

KB 2, AB 1

Zur weiteren gesteuerten Anwendung der Possessivpronomen bearbeiten die TN die Teilaufgabe 1b im AB. Lassen Sie die TN diese Aufgabe in PA bearbeiten und im Anschluss laut lesen. Die Paare, die schneller fertig sind, können weitere kurze Dialoge schreiben.

Durch die Teilaufgabe 1b im AB vorentlastet, bearbeiten die TN nun die Teilaufgabe 2a im KB in PA. Ermutigen Sie die TN, nicht nur die vorgegebenen Tipps, sondern gerne auch andere, eigene Ratschläge zu geben. Ist Ihre Lerngruppe eher stark oder möchten Sie die Aufgabe zu einem späteren Zeitpunkt noch einmal aufgreifen, schlagen wir Ihnen folgende Abwandlung vor: Sie können pro Paar Kärtchen mit Körperteilen/gesundheitlichen Problemen erstellen, welche dann verdeckt in Form eines Stapels vor den TN liegen. Ein TN zieht ein Kärtchen *(z. B. Ellenbogen)* und fragt seinen Partner *(Mein Ellenbogen tut weh. - Was kann ich machen?)* und erhält vom Partner einen Ratschlag *(Nimm die Salbe für deinen Ellenbogen).*

Fahren Sie mit der Teilaufgabe 2b im KB fort, wie in der Aufgabenstellung angegeben.

KB 3, AB 2, 3

Führen Sie einleitend mit den TN ein Gespräch im PL, ob/wie wichtig Sport für die Gesundheit ist.

Zur grammatikalischen Vorentla stung fragen Sie die TN, welche Verben/Präpositionen den Akkusativ benötigen und sammeln Sie diese an der Tafel. Ergänzen Sie die Liste ggf. durch die in den Teilaufgaben 3a und 3b im KB vorkommenden Verben/Präpositionen *(für, bitten, sich engagieren für, achten auf, nehmen).* Nun bearbeiten die TN in EA/PA die Aufgabe 3a im KB. Zur Vertiefung des Gelernten lösen die TN die Aufgabe 2 im AB. Zur evtl. Vereinfachung können Sie den TN auch die Artikel der Nomen im Vorhinein nennen oder im PL durch die TN nennen lassen. Ebenso können Sie bei der Aufgabe 3 im AB vorgehen.

Durch diese Übungen ist die Aufgabe 3b im KB ausreichend vorentlastet, so dass die TN diese in EA/PA lösen können.

KB 4, AB 4

Wiederholen Sie mit den TN die Bildung des Imperativs und halten Sie einige Beispiele in Form eines Tafelanschriebs fest.

Gehen Sie nun zu den Verbalisierungen der Abbildungen der Gymnastikübungen über. Die TN arbeiten in PA/GA zusammen und versprachlichen eine der Gymnastikübungen. Um eine gehäufte Auswahl einer Übung zu vermeiden, teilen Sie die Fotos den einzelnen Paaren/Gruppen zu. Da zur Beschreibung der Übungen der Wortschatz der TN nicht immer ausreichen wird, gehen Sie herum und bieten Sie Hilfe an. Paare/Gruppen, die die Aufgabe schnell erledigen, beschreiben zusätzlich eine andere, ihnen bekannte Gymnastikübung.

Leiten Sie nun von den häufigen Beschwerden durch Bewegungsmangel zu den anderen häufig auftretenden gesundheitlichen Problemen, den Erkältungskrankheiten über. Lassen Sie die TN in PA/GA das Assoziogramm der Aufgabe 4 im AB ergänzen und die Tipps im Imperativ verschriftlichen.

Zweite Doppelseite: Damit wird es schnell besser!

KB 5, AB 5, 6

Leiten Sie zu Akono und seinen zu Beginn der ersten Doppelseite thematisierten Rückenproblemen über. Besprechen Sie mit den TN, wo sich Akono noch Tipps holen kann. Woher bekommen die TN Ratschläge bei gesundheitlichen Problemen? Falls es nicht genannt wird, führen Sie das Internet als Beispiel an und bitten Sie die Teilaufgabe 5a im AB zu bearbeiten.

Mittels der inhaltlichen Beschäftigung mit den Tipps der Teilaufgabe 5b im KB erhalten die TN erste Erfahrungen mit den *damit-Sätzen.* Erarbeiten Sie mit den TN Beispiele für die Struktur der *damit-Sätze* an der Tafel. Damit die TN den Zusammenhang zwischen den beiden Teilen der *damit-Sätze* erfahren, ordnen sie in der Teilaufgabe 5a im AB die Wünsche den Tipps zu. Dieses sowie die nachfolgende Teilaufgabe 5b im AB ist aufgrund der Kommunikationsmöglichkeiten gut in PA zu bearbeiten.

An dieser Stelle oder im Rahmen einer Hausaufgabe ordnen die TN die Sätze der Teilaufgabe 6a im AB und beantworten frei die Fragen der Teilaufgabe 6b im AB.

Im KB schreiben die TN Sätze mit damit zu den in der Teilaufgabe 6c angegebenen Problemen und Ratschlägen. Sie können die Aufgabenstellung auch abwandeln und die TN in PA Fragen und Antworten schreiben lassen, z. B. *Was machen Sie gegen ihren Husten? – Ich trinke heißen Tee, damit mein Husten weggeht.*

KB 6, AB 7

Lassen Sie die TN vor dem Hören und der eigentlichen Bearbeitung der Teilaufgabe 6a im KB die vier Fotos in PA/im PL beschreiben. Durch diese erste Auseinandersetzung mit den Fotos und dem Versuch, das Dargestellte zu versprachlichen, wird die Bearbeitung der Aufgabe anhand des Hörtextes vorentlastet.

Lassen Sie die TN den Dialog erneut anhören, die Lücken der Teilaufgabe 6b schließen sowie die Teil-aufgabe 6c im KB bearbeiten. Besprechen Sie mit den TN die Verben mit Dativ sowie die Personalpronomen im Dativ (siehe Grammatikkästen). Sie können die Personalpronomen im Dativ leicht von den TN in PA/GA einüben lassen, indem Sie den Paaren/Gruppen Würfel zur Verfügung stellen. Schreiben Sie an die Tafel, welche Zahl welchem Personalpronomen entspricht: *1=ich, 2=du, 3=er, 4=sie, 5=wir, 6=ihr.* Die TN gehen würfelnd die Sätze der Teilaufgabe 6b im KB noch einmal durch und verwenden die gewürfelten Personalpronomen im Dativ.
Zur weiteren Festigung der Personalpronomen im Dativ sowie zur Erarbeitung weiterer Dativ erfordernder Verben bearbeiten die TN die Aufgabe 7 im AB.

Zur freien Anwendung des Gelernten schreiben die TN im Rahmen der Teilaufgabe 6d in EA/PA Sätze. Sollte Ihre Lerngruppe bzw. einzelne TN bereits Sätze zu der Aufgabe *Sätze mit Verben und Personalpronomen im Dativ* zum Themengebiet *Gesundheit* verfasst haben, heben Sie die Themeneingrenzung auf und lassen Sie auch Sätze zu wie *Ich kaufe ihr ein Eis.*

KB 7, AB 8

Zur Vorentlastung der Aufgaben 7 im KB ordnen die TN die Fragen und Antworten der Aufgabe 8 im AB einander zu. Anschließend führen die TN in PA Arzt-Patienten-Gespräche und tauschen nach der Hälfte der Zeit die Rollen. Bitten Sie die TN und achten Sie beim Herumgehen darauf, dass die Gespräche in der Sie-Form geführt werden, um möglichst realitätsgetreue Dialoge zu ermöglichen. Bitten Sie die TN, die Gespräche in der Sie-Form zu führen, um möglichst realitätsgetreue Dialoge zu ermöglichen und achten Sie beim Herumgehen auf die korrekte Umsetzung.

Dritte Doppelseite: So unterstützt mich meine Krankenkasse.

KB 8, AB 9, 10

Beginnen Sie die Arbeit an der letzten Doppelseite mit dem Lesen und Verstehen der Multiple-Choice-Aufgaben der Teilaufgabe 8a im KB und lassen Sie die TN diese mit Hilfe des Hörtextes lösen. Um die TN auf die Kommunikationssituationen mit der Krankenkasse vorzubereiten, ordnen die TN die Sätze der Teilaufgabe 9a im AB und identifizieren und beheben die Fehler in der Teilaufgabe 9b im AB.

Ebenfalls als Vorentlastung der Aufgabe 8b im KB kann die Aufgabe 10 im AB verwendet werden. Besprechen Sie nach der Bearbeitung und Lösungskontrolle der Aufgabe 10 doch auch, welche Ärzte es in Deutschland gibt und für welche Krankheiten/Beschwerden sie jeweils zuständig sind.

Anschließend spielen die TN in PA Telefongespräche mit der Krankenkasse wie in der Teilaufgabe 8b im KB angeregt. Realitätsnähe erzielen Sie, wenn sich die Partner Rücken an Rücken setzen und ggf. noch Mobiltelefone verwenden.

KB 9

Die TN lesen die Vorgaben sowie das Kursprogramm der Teilaufgabe 9a im KB in EA und tauschen sich anschließend in PA über die korrekte Lösung aus.

Um die Teilaufgabe 9b erfolgreich zu bearbeiten, besprechen Sie mit den TN, wo Gesundheitskurse angeboten werden könnten. Lassen Sie die TN dann nach den Gesundheitskursen suchen (im Internet/vor Ort/in Zeitungen/…) und darüber berichten.

KB 10, AB 11, 12

Als Beispiel für ein offizielles Schreiben an eine Krankenkasse und zur Beschäftigung mit den Teilen offizieller Briefe dient der Brief der Teilaufgabe 10 a im KB.

Zur Vertiefung bearbeiten die TN die Aufgabe 11 im AB.

Als Anwendung des im Verlauf der Lektion Gelernten verfassen die TN – möglichst im Rahmen des Unterrichts in PA – einen Brief an die Krankenkasse, wie in der Aufgabenstellung der Teilaufgabe 10b im KB angegeben. Regen Sie die TN zur Verwendung der vorgegebenen Sprachbausteine an und bieten Sie Hilfe an.

Zur Vorbereitung auf einen Leseverstehensteil des DTZ ist die Aufgabe 12 im AB konzipiert, die z. B. durch TN, die den Brief an die Krankenkasse schnell beendet haben, im Unterricht gelöst und von den anderen TN als Hausaufgabe bearbeitet werden kann.

A2 Lektion 11 – Auf der Bank

Lernziele

Sich über Leistungen von Banken informieren / Broschüren wichtige Informationen entnehmen / Über Glückssymbole sprechen und mit dem Heimatland vergleichen

Einstiegsseite

Das Thema *Banken* wird in dieser Lektion erstmalig ausführlich behandelt. Da die meisten TN zu diesem Themenbereich vermutlich nur geringe Wortschatzkenntnisse haben, bietet es sich an, das Einstiegsgespräch weitgehend im PL zu führen.

Das Wortsuchrätsel hilft bei der Erarbeitung des Basiswortschatzes. Es enthält einige Wörter, die die TN schon kennen und einige, die wahrscheinlich neu sind. Geben Sie den TN ein paar Minuten Zeit, um die bekannten Wörter zu finden und zu markieren. Zur Vereinfachung sind alle Wörter horizontal angeordnet: *Schalter, Bank, Automat, Kreditkarte, überweisen, Konto, Geld.* Schreiben Sie anschließend die Wörter, die die TN gefunden haben, an die Tafel (die Substantive bitte mit Artikel). Statt der Einzelwörter *Bank* und *Automat* werden einige TN vielleicht das Wort *Bankautomat* nennen. Auch das ist natürlich korrekt. Weisen Sie darauf hin, dass das Wort *Geldautomat*, das man auf dem großen Foto sieht, bedeutungsgleich ist. Sollten die TN nicht alle Wörter gefunden haben, ergänzen Sie die fehlenden und erklären Sie deren Bedeutung.

Besprechen Sie im nächsten Schritt, was auf den Fotos zu sehen ist und ermuntern Sie die TN, weitere Wörter zu nennen, die ihnen noch spontan zum Thema *Banken* oder *Geld* einfallen. Hier sind einige Anregungen zu den einzelnen Fotos:

Fragen Sie die TN, was die Frau auf dem großen Foto wohl machen möchte. Vielleicht kennen einige TN den Ausdruck *Geld abheben* schon. Wenn nicht, stellen Sie ihn vor und lassen Sie die TN überlegen, was man sonst noch braucht (*eine Bankkarte, eine Pin-Nummer*) oder tun muss (*die Pin-Nummer eingeben*), um am Geldautomaten Geld abzuheben.

Lenken Sie dann die Aufmerksamkeit der TN auf das kleine Foto unten links. Wenn keine/r der TN den Begriff *Kontoauszug* kennt, erklären Sie ihn. Fragen Sie, wofür man einen Kontoauszug braucht und wo man ihn bekommt. Fassen Sie in diesem Kontext auch einige wichtige Verben zusammen, die man mit dem Substantiv *Geld* kombinieren kann: *Geld ausgeben, verdienen, sparen, bekommen* (z. B. vom Amt).

Das mittlere Foto bietet die Möglichkeit, über verschiedene Währungen zu sprechen. Fragen Sie die TN, ob man in ihren Herkunftsländern auch in Euro bezahlt. Wenn nicht, wie heißt die Landeswährung? Vielleicht haben einige TN sogar einige Geldstücke oder -scheine ihrer Landeswährung in der Tasche und können sie den anderen in der Gruppe zeigen. Sie können an dieser Stelle auch schon den Unterschied zwischen Geldstück/Münze und Geldschein erklären.

Das Foto unten rechts kann als Anlass genommen werden, um über Bankangestellte zu sprechen. Lassen Sie die TN überlegen, was Bankangestellte für Bankkunden tun können (z. B. *beraten, Geld überweisen, ein Konto eröffnen, einen Kredit geben*). Je nach Vorwissen sind die Beiträge an dieser Stelle möglicherweise noch sehr eingeschränkt. Das ist in Ordnung. Zum Einstieg reichen zwei oder drei Beispiele völlig aus. Alternativ können Sie die TN auch bitten, die Kleidung der Frau auf dem Foto zu beschreiben. Im Anschluss erzählen die TN, welche Kleidung Bankangestellte in ihren Ländern typischerweise tragen. Wenn die TN Interesse an diesem Thema haben, können Sie es ausweiten und eine Diskussionsrunde anschließen. Mögliche Leitfragen: *Ist es wichtig, welche Kleidung Bankangestellte tragen? Sollte ein Bankkaufmann immer Anzug und Krawatte tragen oder wären Jeans und T-Shirt auch in Ordnung?*

Erste Doppelseite: Was kann ich alles bei der Bank erledigen?

KB 1, AB 1

In der Einstiegsphase haben Sie mit ihrer Gruppe bereits über Verben gesprochen, die mit dem Substantiv Geld kombiniert werden können. In Aufgabe 1 wird die Liste dieser Verben erweitert. Für die Bearbeitung der Höraufgabe benötigen die TN allerdings nicht alle Verben aus dem grauen Wortschatzkasten, sondern nur die vier, die über den Fotos stehen. In lernschwachen Gruppen sollten sich die TN zunächst auf diese Auswahl konzentrieren. Die anderen Verben können nach und nach ergänzt werden.

Die TN hören vier kurze Gespräche am Bankschalter und entscheiden, was die Kunden machen möchten.

Vergleichen Sie die Lösungen im PL und rufen Sie den TN die Unterschiede zwischen *möchte, will* und *würde gern* in Erinnerung. Im Anschluss bearbeiten die TN Aufgabe 1 im AB. Hier finden sie ähnliche Dialoge, die sie zunächst in EA vervollständigen. Im PL lesen dann jeweils zwei TN die Dialoge vor. Klären Sie Wortfragen und geben Sie den TN Zeit, die Dialoge in PA mit verteilten Rollen zu üben.

KB 2, AB 2

In Aufgabe 2 werden Relativsätze vorgestellt. Dazu hören die TN zunächst einen Dialog und ergänzen die fehlenden Relativpronomen. Bevor Sie tiefer in die Grammatik einsteigen, stellen Sie sicher, dass die TN den Text auch inhaltlich verstehen. Dazu sollten sie den Dialog mehrmals hören und die Fragen in Teilaufgabe b beantworten.
An dieser Stelle bietet sich außerdem ein kleiner Exkurs zum Thema *Umgangssprache* an. Im letzten Teil des Dialogs benutzt einer der Sprecher das Wort *Kohle* für Geld. Besprechen Sie mit Ihrer Gruppe, in welchen Kontexten die Verwendung des Wortes *Kohle* angemessen ist und ergänzen Sie gegebenenfalls weitere Varianten, die in Ihrer Region häufig verwendet werden. Lassen Sie die TN auch erzählen, welche informellen Bezeichnungen für *Geld* es in ihrer Sprache gibt.

In den Teilaufgaben c und d lernen die TN, Sätze mit Relativpronomen zu verbinden. Der Grammatikkasten gibt eine Übersicht über die Relativpronomen im Nominativ, Akkusativ und Dativ. Das ist scheinbar viel auf einmal. Weisen Sie Ihre TN bitte darauf hin, dass auf der Stufe A2 nicht erwartet wird, dass sie fehlerfreie Relativsätze bilden können. Sie sollen aber eine Vorstellung davon bekommen, nach welchem Prinzip sich die Formen der Relativpronomen verändern. Dieses Überblickswissen hilft ihnen, einfache Relativsätze in authentischen Texten zu verstehen, ohne sich von den unterschiedlichen Formen irritieren zu lassen. Aufgabe 2 im AB bietet zusätzliche Übungsmöglichkeiten und kann im Unterricht oder zu Hause gemacht werden.

KB 3, AB 3, 4

In Aufgabe 3 im KB geht es um die Indefinitpronomen *jemand* und *niemand*, die den TN in der Regel keine Schwierigkeiten machen. Bevor Sie mit Teilaufgabe a beginnen, erklären Sie bitte das Verb leihen (z. B. *Geld leihen, Bücher leihen, ein Fahrrad leihen*). Im Anschluss bearbeiten die TN die Aufgabe so, wie im Buch vorgeschlagen. Aufgaben 3 und 4 im AB eignen sich als Hausaufgabe oder zur Wiederholung in der nächsten Stunde.

KB 4, AB 6

Aufgabe 4 im KB bietet die Möglichkeit, informelle Diskussionen im Kurs zu üben. In der Übergangs-phase von der Stufe A2 zu B1 sollen die TN lernen, auch längere Redebeiträge frei zu formulieren. Unsichere TN können Sie unterstützen, indem Sie vor Beginn der Diskussion Kommunikationshilfen an der Tafel sammeln und/oder den TN Zeit geben, sich vorab einige Argumente zu überlegen und sich gegebenenfalls Notizen zu machen. Aufgabe 6 im AB kann zur Vertiefung zu Hause oder in der nächsten Unterrichtsstunde bearbeitet werden.

Zweite Doppelseite: Ich habe viele Fragen an meine Bank.

KB 5

In Aufgabe 5a im KB lesen die TN einen kurzen Werbetext. Nutzen Sie den Text, um die Wortschatz-arbeit, die Sie bereits im ersten Teil der Lektion begonnen haben, fortzusetzen. Erklären Sie den Unterschied zwischen Girokonto und Sparkonto und besprechen Sie, welche Möglichkeiten man hat, um tägliche Bankgeschäfte zu erledigen: *per Bankautomat, Online-Banking, im persönlichen Gespräch mit einem Mitarbeiter in der Filiale.*

In Teilaufgaben b und c werden die Relativpronomen geübt, die die TN in Aufgabe 2 im KB kennengelernt haben. Wiederholen Sie dazu noch einmal die Formen aus dem Grammatikkasten auf Seite 40 unten.

KB 6, AB 5

In Aufgabe 6 werden indirekte Fragen mit *was, wie, wo* und *wer* vorgestellt. Erklären Sie, dass wir oft indirekte Fragen verwenden, um Informationen oder Auskünfte einzuholen. Geben Sie den TN bitte den Hinweis, dass direkte Fragen ebenso korrekt und in der Regel einfacher zu formulieren sind. Um sicherzugehen, dass direkte Fragen trotzdem höflich klingen, können die TN das Wort *Entschuldigung* voranstellen oder ihre Frage mit den Worten *Entschuldigung, ich habe eine Frage* einleiten.

Bevor die TN Teilaufgabe b bearbeiten, nehmen Sie sich bitte ausreichend Zeit, um die Beispielsätze im Grammatikkasten oben auf Seite 43 zu besprechen. Machen Sie die TN insbesondere darauf aufmerksam, dass das Verb/Modalverb am Ende des Fragesatzes steht. Danach formulieren die TN die Fragen im Buch eigenständig um. Schwächere TN sollten zunächst jede Frage mit den gleichen Worten beginnen *(z. B. Wissen Sie …)*. Das vereinfacht die

Übung und hilft ihnen, sich auf das Wesentliche zu konzentrieren. Stärkere TN können alle vier Varianten aus dem Grammatikkasten verwenden. Aufgabe 5 im AB eignet sich zur Festigung als Hausaufgabe.

In Teilaufgabe c lernen die TN, wie man eine Rechnung per Überweisung bezahlt. Besprechen Sie zunächst anhand des Beispiels, welche Informationen man üblicherweise auf einer Rechnung findet und erarbeiten Sie den entsprechenden Wortschatz: *Rechnungsnummer, Betrag, Bestellnummer* etc. Im Anschluss sehen sich die TN das Formular unten auf der Seite an und überlegen, welche Information wo eingetragen werden muss. Klären Sie Wort- und Verständnisfragen im PL und vergewissern Sie sich, dass alle TN wissen, was eine IBAN bzw. BIC ist. Um zusätzliche Übungsmöglichkeiten zu schaffen, könnten Sie die TN authentische Überweisungsträger ausfüllen lassen, die Sie mit in den Unterricht gebracht haben.

Dritte Doppelseite: Am Geldautomaten

KB 7, AB 7, 8

In Aufgabe 7 im KB lernen die TN das Passiv im Präsens kennen. Dazu hören sie zunächst einen Dialog und ergänzen die fehlenden Wörter. Wiederholen Sie im Anschluss das Verb *werden* und erklären Sie, wie das Passiv gebildet wird und welche Funktion es hat. Dabei kann es hilfreich sein, weitere Beispiele zu geben und Aktiv- und Passivsätze gegenüberzustellen. Hier sind einige Vorschläge:

Jemand	**repariert**	das Auto.
Die Bank	**überweist**	das Geld.
Jemand	**kauft**	die Schuhe.
Die Bank	**informiert**	die Kunden.
Jemand	**bezahlt**	die Rechnung.
Jemand	**putzt**	die Tafel.
Der Hausmeister	**schließt**	die Fenster.
Die Leute	**rufen**	die Polizei.

Das Auto	**wird repariert.**
Das Geld	**wird überwiesen.**
Die Schuhe	**werden gekauft.**
Die Kunden	**werden informiert.**
Die Rechnung	**wird bezahlt.**
Die Tafel	**wird geputzt.**
Die Fenster	**werden geschlossen.**
Die Polizei	**wird gerufen.**

In Teilaufgabe b finden die TN weitere Anwendungsbeispiele und werden anschließend dazu hingeführt, die Passivformen selbst zu bilden. Übung 7 im AB kann zur Festigung als Hausaufgabe gegeben werden. Aufgabe 8 eignet sich zum Einstieg in die nächste Stunde, kann alternativ aber auch zu Hause bearbeitet werden.

KB 8

In Aufgabe 8 lesen die TN einen Zeitungsartikel, in dem von einem Überfall an einem Geldautomaten berichtet wird. Nachdem die TN die Aufgabe bearbeitet und Sie die Lösungen verglichen haben, gehen Sie den Text im PL noch einmal Satz für Satz durch und klären Sie Wortfragen. Nutzen Sie den Artikel gegebenenfalls als Gesprächsanlass, um über ähnliche Vorfälle in Ihrer Stadt zu sprechen. Lassen Sie die TN auch diskutieren, was man tun kann, wenn man Zeuge eines solchen Überfalls wird oder wie man sich als Bankkunde selbst schützen kann.

KB 9

Mit Aufgabe 9 können Sie das Thema *Banken*, das von vielen TN als eher trocken empfunden wird, auf eine unterhaltsame Weise ausklingen lassen. Ein Text über den Glückspfennig dient als Ausgangspunkt, um über Glückssymbole zu sprechen. Sie können den Fragenkatalog im Buch erweitern und an die Interessen der Gruppe anpassen. Lernstarke TN können für die nächste Unterrichtsstunde auch einen kleinen Vortrag vorbereiten, in dem es um Symbole für *Glück* (und *Unglück*) in ihrem Land geht. Nutzen Sie das Unterrichtsgespräch auch, um einige Redewendungen, in denen das Wort *Glück* (oder *Pech*) vorkommt, vorzustellen: *Glück/Pech gehabt*! *So ein Glück/Pech! Viel Glück!*

AB 9, 10

Die Aufgaben 9 und 10 im AB können Sie flexibel einsetzen. In lernschwachen Gruppen empfiehlt es sich, die Aufgaben ganz am Ende der Lektion im Unterricht zu machen. In lernstarken Gruppen können die Aufgaben entweder als Hausaufgabe gegeben oder zwischendurch im Unterricht bearbeitet werden, wenn Sie gerade kein neues Thema anfangen möchten.

A2 Lektion 12 – Freizeitvergnügen

Lernziele

Veranstaltungshinweise verstehen / Über Freizeitmöglichkeiten und Hobbys sprechen / Gemeinsame Aktivitäten planen

Einstiegsseite

Beginnen Sie die Arbeit an der neuen Lektion mit geschlossenen Büchern. Bitten Sie die TN, sich in PA darüber auszutauschen, was sie am Wochenende/gestern gemacht haben. Schließen Sie eine PL-Phase an, in der Sie die Paare anregen, zu erzählen, was sie außer Arbeit und Deutschlernen getan haben und halten Sie alle als Freizeitaktivitäten zu bezeichnenden Tätigkeiten an der Tafel fest.

Zusätzlich können Sie zur Systematisierung der genannten Freizeitaktivitäten diese in Gruppen notieren (z.B. *Sport, Erholung, Familie/Freunde, Kultur, (soziales) Engagement, …*). Hierbei bieten sich zudem noch zwei Varianten an: entweder geben Sie die Kategorien vor oder Sie lassen die entsprechenden Oberbegriffe am Ende der Sammlungsphase von den TN nennen und schreiben dann die Kategorien zu den Wörtern. Auf diese Weise haben Sie bereits ein gewisses Spektrum an Freizeitaktivitäten zusammengetragen.

Bitten Sie nun die TN in PA/GA über die vier Fotos auf der Einstiegsseite zu sprechen. Aufgabe ist es, das auf den Fotos Dargestellte möglichst detailliert zu beschreiben und sich im zweiten Schritt dazu zu äußern, wie man selbst diese Aktivität findet bzw. ob und in welchem Maße man solchen Freizeitbeschäftigungen nachgeht. Weisen Sie die TN auf die Sprech- und Denkblasen im petrolfarbenen Kasten hin, deren Redemittel bei der Besprechung der Fotos hilfreich sein können.

Gehen Sie im Anschluss noch einmal im Klassengespräch im PL auf die einzelnen Fotos ein. Fragen Sie die TN, was die Unterschiede/Besonderheiten zwischen der/den abgebildeten Freizeitaktivität/en sind. Von den Äußerungen der TN ausgehend, können Sie verschiedene Aspekte von Freizeitaktivitäten thematisieren (z. B. *Kosten, Gesundheit, Zeit, Aktivität/Passivität* etc.). Sofern Sie der vorentlastenden Wortschatzarbeit noch mehr Zeit einräumen können, sammeln Sie doch noch weitere Freizeitaktivitäten zu verschiedenen Aspekten (*günstig – teuer, gesund – ungesund, aktiv – passiv*, o.ä.).

Dieses ist sowohl im PL möglich, als auch durch drei Gruppen, die jeweils Aktivitäten zu einem Gegensatzpaar sammeln. Ist die Sammlung der Wörter abgeschlossen, lassen Sie die TN sich zu einigen der Aktivitäten äußern.

Erste Doppelseite: Es gibt so viele Freizeitmöglichkeiten!

KB 1, AB 1, 2

Lassen Sie die TN die Fotos der Personen und der Freizeitaktivitäten der Teilaufgabe 1a im KB betrachten, beschreiben und in PA besprechen, wer was vermutlich gerne tut. Fordern Sie die TN auch auf, ihre Vermutungen zu begründen. Geben Sie den TN hierfür genügend Zeit, damit sie ggf. unbekannten, erforderlichen Wortschatz für die Bildbeschreibungen nachschlagen/erfragen können.

Nun hören sie die drei Interviews der Teilaufgabe 1b im KB und überprüfen, ob und inwieweit ihre Einschätzungen stimmen. Anschließend erzählen die TN, welche Hobbys sie bei den einzelnen Personen vermutet hatten, ob sie Recht hatten bzw. ob sie überrascht sind.

Lassen Sie die TN die Aufgabe 1c im KB von den TN beim erneuten Hören in EA lösen und in PA vergleichen.

Um weitere Begriffe, die Freizeitaktivitäten bezeichnen, zu aktivieren bzw. zu vermitteln, bearbeiten die TN die Teilaufgabe 1a im AB in PA und hören im Anschluss die Hörtexte der Teilaufgabe 1b im AB. Als freie Anwendung des bisher Gelernten bearbeiten die TN nun die Aufgabe 1c im AB. Dieses in EA erfolgte Training des schriftlichen Ausdrucks dient auch der Vorentlastung auf den nun folgenden mündlichen Austausch über die eigenen Freizeitbeschäftigungen.

Für die Teilaufgabe 1c im KB legen sich die TN ein Blatt Papier und einen Stift bereit, notieren sich drei Freizeitaktivitäten und suchen sich – entweder durch Herumgehen im Raum oder evtl. durch Gespräche mit den in der Nähe sitzenden, anderen TN – drei Personen, die diese Freizeitaktivitäten machen. Achten Sie bei dieser Aufgabe darauf, dass die Zettel nicht nur gezeigt oder die einzelnen Begriffe schlagwortartig genannt werden, sondern die kleinen Interviews von den TN in ganzen Sätzen geführt werden.

Zur weiteren Beschäftigung mit dem Dativ sortieren die TN in der Teilaufgabe 2a im AB die Buchstaben zu Verben, die den Dativ erfordern. Für eine Binnendifferenzierung können Sie sorgen, indem Sie die schnellen TN bitten, Sätze mit den gefundenen Verben zu bilden und aufzuschreiben.

Notieren Sie zu Beginn der systematischen Beschäftigung mit den Possessivpronomen im Dativ einen Beispielsatz an der Tafel, z. B. *Was machen Sie in Ihrer Freizeit?* und lassen die TN antworten. Notieren Sie die grammatikalisch korrekte Form z. B. *Ich tanze in meiner Freizeit.* und formen Sie die Sätze mit den TN im PL in die verschiedenen Personen um, bis Sie eine vollständige Tabelle des Maskulinums erhalten. So vorbereitet können die TN nun in PA die Tabelle der Teilaufgabe 2b im AB ausfüllen. Bei Unsicherheiten weisen Sie die TN darauf hin, dass die Endungen der Possessivpronomen den bestimmten Artikeln entsprechen. Zur Einübung dieser Formen bearbeiten die TN die Teilaufgabe 2c im AB.

Zum Abschluss der Beschäftigung mit den Possessivpronomen im Dativ lassen Sie die TN die Teilaufgabe 1e im KB bearbeiten.

KB 2

Führen Sie mit den TN zur Einstimmung ein Gespräch im PL, woher sie wissen, wann Veranstaltungen stattfinden. Wie/Wo informieren sie sich?

Lassen Sie die TN kurz die Fotos der Teilaufgabe 2a im KB ansehen und in PA vermuten, was auf den Fotos abgebildet ist. Gleich im Anschluss hören die TN die Radiohinweise und ordnen die Bilder den Tipps zu. Nach dem Lesen der Aussagen der Teilaufgabe 2b im KB hören die TN die Tipps noch einmal. Im PL vergleichen sie die Lösungen und korrigieren in PA die falschen Aussagen, wie in der Arbeitsanweisung der Teilaufgabe 2c des KB angegeben.

KB 3, AB 3

Stellen Sie sicher, dass den TN die Begriffe *Informationen* und *Überschriften* geläufig sind, ggf. durch einen Tafelanschrieb (z. B. *Überschrift – das Wetter, Information – Heute scheint die Sonne bei 13 Grad.*). Nun ordnen die TN in der Teilaufgabe 3a im KB die Überschriften den Freizeittipps zu. Möchten Sie die mündlichen Ausdrucksfähigkeiten der TN fördern und die Steigerung der Adjektive wiederholen, können Sie die TN bitten, in PA/GA über die soeben gelesenen Freizeitangebote zu sprechen. *Wo würden Sie gerne hingehen? Woran würden Sie lieber oder am liebsten teilnehmen? Was ist am schönsten/interessantesten/schrecklichsten/langweiligsten/...?*

Greifen Sie das auf die Aufgabe 2 im KB hinführende Klassengespräch noch einmal auf und erweitern es, indem Sie mit den TN die Möglichkeiten sammeln, wie/wo man sich über Veranstaltungen informieren kann an. Lassen Sie die TN möglichst viele dieser Informationsquellen ansehen und vergleichen (*kostenlose Zeitungen, Internet, Handzettel, Plakate, evtl. Radio/Fernsehen etc.*). *Welche Freizeitangebote gibt es in der Stadt/Region, in der Sie leben? Welche Freizeitangebote nutzen Sie/finden Sie interessant?*

Die Aufgabe 3 im AB bietet eine thematische Ergänzung sowie eine Vorbereitung auf im DTZ vorkommende Prüfungsaufgaben.

Zweite Doppelseite: Meine Hobbys sind mir wichtig.

KB 4, AB 4

Die TN bearbeiten in EA die Teilaufgabe 4a im KB wie in der Aufgabenstellung angegeben. Klären Sie nach der Beantwortung der zentralen Fragen Unklarheiten hinsichtlich des Wortschatzes und des Inhalts (z. B. *Verein, Umkleide, Spielfeld, ...*). In EA/PA ergänzen die TN nun beim zweiten Lesen des Textes die Tabelle der Teilaufgabe 4b im KB. Gehen Sie anhand eines Beispiels (Tafelanschrieb oder Grammatikkasten im KB) die Reflexivpronomen mit den TN durch. Um mit den reflexiven Verben etwas vertraut zu werden, lösen die TN nun die Teilaufgaben 4a und 4b im AB. Anschließend lassen Sie sie die Teilaufgabe 4c im KB, bei der die TN sich mit den Formen der Reflexivpronomen auseinandersetzen müssen, in EA lösen und in PA vergleichen. Mit den Teilaufgaben 4c und 4d vertiefen die TN ihre Kenntnisse und Fähigkeiten hinsichtlich der Verwendung der reflexiven Verben im Rahmen des Unterrichts oder als Hausaufgabe. Zum Abschluss der Beschäftigung mit diesem grammatikalischen Kapitel führen die TN in PA kleine Gespräche, Teilaufgabe 4d im KB. Sind die TN unsicher, können sie die TN vor den Gesprächen auch eine Liste von Fragen aufschreiben lassen.

KB 5, AB 5, 6

Beginnen Sie den neuen Abschnitt mit einem illustrierenden Beispiel an der Tafel, welches Sie im Unterrichtsgespräch mit den TN im PL entwickeln und nach und nach anschreiben. Beginnen Sie mit folgendem Anschrieb *Es sind 35 Grad.* und fragen Sie einzelne TN, was sie machen. Notieren Sie eine mit dieser hohen Temperatur verbundene Freizeitaktivität an der Tafel, z. B. *Deshalb gehe ich ins Freibad.* Fahren Sie fort, indem Sie *Es sind 10 Grad.* anschreiben und verbal und mimisch verdeutlichen, dass es ihnen egal ist und sie trotzdem gehen und schreiben Sie an: *Trotzdem gehe ich ins Freibad.*

Damit sich das Verständnis der Verwendung dieser beiden Konjunktionen festigt und von den TN aktiv angewendet werden kann, erarbeiten sich die TN im Rahmen der Aufgaben 5 und 6a im AB die beiden Konjunktionen zuerst getrennt. Sorgen Sie für Abwechslung und steigern Sie den Schwierigkeitsgrad, indem die TN die Aufgaben 5 im AB in PA und die Teilaufgabe 6a im AB in EA lösen. Schnelle TN beginnen mit der Teilaufgabe 6b im AB, welche alle TN dann als Hausaufgabe bearbeiten. So vorentlastet lassen sie die TN die Aufgabe 5 im KB bearbeiten.

KB 6

Je nach Übungsbedarf, Mitarbeitsbereitschaft und zur Verfügung stehender Unterrichtszeit können Sie die TN alle oder jeweils nur ein oder zwei der Sätze der Teilaufgabe 6a im KB bilden lassen. Als Sozialform bietet sich die PA an.

Die Teilaufgabe 6b im KB können Sie auf der persönlichen Ebene von den TN in EA bearbeiten lassen, wie in der Aufgabenstellung angegeben. Möchten Sie etwas mehr Abwechslung und ein spielerisches Element einbringen, schneiden Sie doch Fotos verschiedener, markanter Personen aus Illustrierten aus und lassen Sie die TN in PA oder GA je ein bis zwei dieser Fotos aussuchen und anschließend in PA/GA passende/lustige Sprechblasen schreiben.

Dritte Doppelseite: Schöne Zeit mit guten Freunden.

KB 7, AB 7

Beginnen Sie die Arbeit an der Doppelseite doch damit, dass die TN in GA besprechen, was sie mit ihren Freunden gerne/normalerweise machen. Lassen Sie die Gruppen die Ergebnisse kurz im PL berichten.

Bevor die TN die Aufgabe 7 im KB bearbeiten, lassen Sie sie vermuten, was Stefan und Sandro planen. Nach dem Hören der Teilaufgabe 7a bearbeiten sie die Teilaufgabe 7b in PA und klären evtl. Verständnisfragen. Nach dem Hören, Bearbeiten und Besprechen der Teilaufgaben 7c und 7d im KB lenken Sie die Aufmerksamkeit der TN auf die Adjektivendungen im Akkusativ (siehe Grammatikkasten) und lassen diese von den TN beim Ausfüllen der Tabelle der Teilaufgabe 7a im AB zusammenfassen. Stellen Sie sicher, dass alle TN die Endungen korrekt eingetragen haben und lassen Sie sie in EA/PA die Teilaufgabe 7b im AB lösen. Als Binnendifferenzierung bzw. als Ergänzung der Teilaufgabe 7b im AB können Sie auch noch Inhaltsfragen stellen, z. B. *Hat Ralph ein Zelt? Bringt Ralph einen Gaskocher mit? Kocht er Suppe? Wie wird das Wetter am Wochenende?* etc.

KB 8, AB 8

Eine Überprüfung des Gelernten in Form eines Formattrainings für den DTZ bietet die Teilaufgabe 8a im KB.

Die Einübung des Akkusativs können Sie mit einer Variante des Spiels *Ich packe meinen Koffer* erzielen. Spielen Sie doch mit den TN *Ich mache eine Grillparty und nehme … mit.* Schreiben Sie diesen Satz an die Tafel, nennen Sie ihn und ergänzen Sie eine Sache *(Ich mache eine Grillparty und nehme ein Würstchen mit.)*, der nächste TN nennt die von Ihnen genannte Sache und eine neue Sache *(Ich mache eine Grill-party und nehme ein Würstchen und einen Teller mit.)*. Spielen Sie das Spiel so lange, bis alle TN einmal dran waren. Achten Sie auf die korrekte Verwendung der Akkusativformen.

Lesen Sie mit den TN im PL den Grammatikkasten neben der Teilaufgabe 8b im KB und lassen Sie sie dann die Aufgabe lösen und während des anschließenden Hörens eigenständig kontrollieren. Zur gesteuerten, systematischen Einübung bearbeiten die TN die Aufgabe 8 im AB. Im Anschluss wenden Sie die erworbenen Kenntnisse in kleinen Dialogen in PA an, Teilaufgabe 8c im KB.

KB 9, AB 9

Die Planungsaufgabe entspricht dem Format eines der Teile des Mündlichen Ausdrucks des DTZ und ist daher ein sinnvolles Formattraining. Weisen Sie die TN darauf hin, dass sie die Leitfragen beachten sollen. Die Motivation, sich an der Planung zu beteiligen, steigt sicherlich, wenn Sie es ermöglichen können, eine solche Feier tatsächlich durchzuführen. Führen Sie das Planungsgespräch lediglich zu Unterrichtszwecken, lassen Sie es doch in PA führen. Wird die Feier tatsächlich stattfinden, planen die TN am besten im PL.

Zum Prüfungsformattraining sowie zum allgemeinen Training des Hörverstehens dient die Aufgabe 9 im AB.

AUSSPRACHETRAINING A2

A2.1, 1a Der Ich-, Ach- und Sch-Laut

Im Deutschen unterscheiden wir den **Ich-Laut**, wie in *sicher*, den **Ach-Laut**, wie in *Achtung* sowie den **Sch**-Laut, wie in *Schule*.

Alle drei Laute werden unterschiedlich gebildet. Der **Ich-Laut** wird im Mundraum gebildet, der **Ach-Laut** im Rachenraum und der **Sch-Laut** wird mit stark gestülpten, angespannten Lippen gesprochen.

Um den Unterschied zwischen den drei Lauten selbst besser wahrzunehmen, stellen Sie sich einmal vor einen Spiegel und sprechen Sie die drei Laute langsam und deutlich. Achten Sie dabei auf die Position Ihrer Lippen, Ihrer Zunge und Ihrer Zähne.

Probieren Sie dies auch mit Ihren TN aus, indem Sie gemeinsam alle drei Laute langsam und deutlich vor einem Handspiegel üben und Sie Ihre TN gezielt auf die Position Ihrer Lippen, Zunge und Zähne aufmerksam machen. Nur wenn Ihre TN wissen, wie Sie Laute bilden müssen, können Sie sie auch richtig sprechen.

A2.1, 1b

Zunächst gibt es klare Regeln, wann welcher Laut gesprochen wird:

Ich-Laut	
nach den Vokalen **e, i, ä, ö, ü**	Be**ch**er, i**ch**, Dä**ch**er, Lö**ch**er, Tü**ch**er
nach den Diphthongen **ei, eu**	glei**ch**, eu**ch**
nach den Konsonanten **l, n, r**	Mil**ch**, man**ch**mal, für**ch**ten
in der Endung **-chen**	Bäum**ch**en, Häs**ch**en
in der Endung **-ig**	**Leipzig**
am Anfang von Wörtern vor den Vokalen **e, i**	**Ch**emie, **Ch**ina

Ach-Laut	
nach den Vokalen **a, o, u**	Da**ch**, do**ch**, Bu**ch**
nach den Diphthong **au**	au**ch**, Bau**ch**

Sch-Laut	
sch am Wortanfang, in der Wortmitte, am Wortende	**sch**ön, wa**sch**en, Ti**sch**
bei **st** und **sp**, wenn diese am Anfang von Silben und Wörtern stehen	**St**art, **Sp**ort, ver**sp**rechen, ver**st**ehen

Wichtig!

Der **Sch-Laut** wird jedoch **nur** gesprochen, wenn ***sch***, ***st*** oder ***sp*** der **gleichen Silbe** angehören. Wenn sie zu unterschiedlichen Silben gehören, wie bei *Hä**s**-/**ch**en*, *Sam**s**/**t**ag*, Ham**s**|**t**er, dann wird der Sch-Laut **nicht** gesprochen.

A2.1, 1c Wie können die Ich-, Ach- und Sch-Laute geübt werden?

Für sehr viele Lerner ist der **Ich-Laut** sehr problematisch. Fordern Sie Ihre TN auf, einen Bleistift zwischen die Lippen zu legen und Luft auszustoßen. Dies verhindert, dass die Zunge und die Lippen bei der Bildung des Ich-Lautes nach vorne kommen der TN anstatt des Ich-Lautes den Sch-Laut spricht.

Den harten **Ach-Laut** bildet man an der gleichen Stelle im Mund wie das **Reibe-R** [ʁ], nur ohne Stimme. Fordern Sie die TN auf, so tun, als ob sie schnarchen.

So können Sie den **Sch-Laut** üben: Halten Sie den Zeigefinger senkrecht vor Ihre Lippen, jedoch mit einem kleinen Abstand zu den Lippen, so als würden Sie zeigen wollen *„Bitte leise sein“*. Fordern Sie nun Ihre TN auf, die Lippen so nach vorn zu stülpen, dass diese den Zeigefinger berühren. Die Zähne müssen dabei aufeinander stehen. Nun pusten die TN Luft aus dem Mund. Stellen Sie sich am besten im Profil vor Ihre TN und sprechen Sie den Sch-Laut. Ihre TN sehen so die gestülpten Lippen besser.

A2.1, 1d–f

Hier bietet sich jeweils nach dem Lösen der Aufgabe das Sprechen der Wörter oder Wortgruppen nach den Tipps aus 1c an. Dies kann zunächst in Partnerarbeit und anschließend im Plenum geübt werden, um die TN für die Bildung der Laute noch stärker zu sensibilisieren und den Übungseffekt zu intensivieren. Weiterhin hat das wiederholende Sprechen den Vorteil, dass sich die TN durch die Wiederholung konkreter Beispiele diese merken und sich mit deren Hilfe künftig die Regeln für den Ich-, Ach- und Sch- Laut schneller ableiten können.

A2.1, 1g und h

Da die Aussagen relativ lang sind und die TN sich auf die Aussprache konzentrieren sollen, bietet sich hier der Einsatz von Farben an. Lassen Sie die TN vor dem Lesen alle **Ich-Laute** mit grüner Farbe und alle **Ach-Laute** mit roter Farbe markieren. Dies dient der besseren Orientierung und Fokussierung der TN. Anschließend lesen schwächere Lerner, zunächst erst alle Wörter mit **Ich-Laut** einzeln, danach alle mit **Ach-Laut**. Fordern Sie dann Ihre TN auf, die vollständigen Sätze zu lesen und im Anschluss daran das Lesetempo Stück für Stück zu erhöhen.

A2.1, 2a Die Diphthonge

Diphthonge können für Ihre TN insofern ein Problem darstellen, als dass sie nicht als **zwei Laute** sondern als **ein Einzellaut** gesprochen werden und beim Hören wahrgenommen werden müssen. Das Irritierende für den TN ist also, dass er zwei Buchstaben schreibt, aber nur einen Laut sprechen darf. So darf er im Wort ***Au****to* das ***a*** und das ***u*** nicht einzeln sprechen, sondern muss beide zusammen als den Laut [aʊ] bilden. Das Gleiche betrifft den Laut [aɪ], wie in *B**ei**n*, *K**ai**ro*, *B**ay**ern* oder *M**ey**er* sowie den Laut [ɔɪ], wie er beispielsweise in *tr**äu**men* oder *n**eu**n* vorkommt.

In Aufgabe 2a sollen die TN deshalb zunächst erst einmal die unterschiedlichen Laute wahrnehmen.

A2.1, 2b

Nachdem in Aufgabe 2a die unterschiedlichen Klänge der Diphthonge identifiziert wurden, sollen nun gleich klingende Laute markiert werden. Mit Hilfe der farblichen Markierung der gleich klingenden Laute ist es in Aufgabe 2c einfacher, die Laute den einzelnen Gruppen zuzuordnen.

A2.1, 2c

In dieser Aufgabe geht es nun darum, den in den Aufgaben 2a und b wahrgenommen Lauten die entsprechende Buchstabenkombination (also den/die jeweiligen Diphthong(e)) zuzuordnen.

A2.1, 2d

Hier bietet sich wieder die Arbeit mit unterschiedlichen Farben an. So kann [aʊ] mit blau, [aɪ] mit gelb und [ɔɪ] mit rot markiert werden. Anschließend üben die TN die Wörter mit dem gleichen Diphthong einzeln und danach erst die ganze Wortgruppe. Ermutigen Sie sehr schnelle TN dazu, eigene kurze Reime zu erfinden, diese zu notieren und den Partner diese lesen zu lassen.

A2.2, 1a und b Die E-Laute

Im Deutschen gibt es vier **E-Laute**. Man unterscheidet zwischen kurzen und langen E-Lauten, wobei die Lippen entweder stark gespannt oder locker, also ungespannt sind.

• das kurze, ungespannte **e** *[ɛ]*	*n**e**tt*
• das lange, gespannte **e** *[e:]*	*S**ee***
• das lange, ungespannte ***ä*** *[ɛ:]*	*M**ä**dchen, m**ä**hen*
• das reduzierte, ungespannte **e** *[ə]*	*Has**e**, lach**e**n, dank**e***

Das reduzierte **e** wird auch **Schwa-Laut** oder **Murmelvokal** genannt. Es tritt vorwiegend in Vor- und Nachsilben auf:

Vorsilben:	
be-/ge-	***Be**such, **Ge**schenk*
Nachsilben:	
-e	*ich sing**e***
-em	*in ein**em** Park*
-en*	*komm**en**, sing**en**, reis**en***
-el*	*Ig**el***

*Bei den Endungen -**en** und -**el** fällt der **Schwa-Laut** oft völlig weg: arbeit**en** [arbaɪtn̩] oder Vog**el** [fo:gl̩])

Wichtig ist, die TN den klanglichen Unterschied zwischen allen vier E-Lauten deutlich zu machen. Erklären Sie Ihren TN, dass Ihre Lippen beim lange **e** [e:] stark angespannt sein müssen. Bei den anderen drei Vokalen können die Lippen locker bleiben.

Wie können die E-Laute geübt werden?

Probieren Sie die Laute als Unterrichtsvorbereitung zunächst allein zu Hause vor einem Spiegel aus. Üben Sie dann die Laute gemeinsam im Unterricht.

Für das lange ***ä*** [ɛ:]: Hier fordern Sie Ihre TN auf, sich vorzustellen, dass sie ein Essen nicht mögen oder etwas ekelig finden. Sagen Sie dann etwas übertrieben „äähh", machen Sie ein Gesicht, als wenn Sie etwas überhaupt nicht mögen würden und weisen Sie mit der offenen Handfläche etwas in der Luft zurück. Sie können dies natürlich auch ganz konkret an einem Gegenstand demonstrieren, indem Sie einen Teller wegschieben oder eine Flasche Wasser. Zeigen Sie Ihren TN, dass Sie den Mund sehr weit öffnen müssen, wie, als ob Sie beim Zahnarzt wären.

Das kurze **e** [ɛ]: Weisen Sie Ihre TN darauf hin, dass das kurze **e** fast so wie das lange ä gebildet wird, nur mit dem Unterschied, dass der Mund nur wenig geöffnet wird.

Das lange **e** [eː]: Um die Lippenspannung beim langen **e** besser zu üben, fordern Sie Ihre TN auf, Ihre Lippen wie ein Clown zu formen, wenn er lacht. Man muss dabei die Zähne von jedem TN sehen können. Fordern Sie dann Ihre TN auf, die Lippen in dieser Position zu lassen und laut „*He!*" zu rufen.

Das reduzierte **e** [ə]: Hier könnten Sie Ihre TN dazu anregen, sich vorzustellen, sehr überrascht über etwas zu sein. Verbinden Sie den Laut mit einer entsprechenden Mimik, die Überraschung ausdrückt (ein überraschtes Gesicht, große Augen machen etc.).

A2.2, 1c

Hier geht es zunächst nur darum, dass Ihre TN die unterschiedlichen E-Laute akustisch identifizieren können.

A2.2, 1d

Es ist ratsam, zwischen Ihnen und Ihren TN eine klare und einheitliche Markierung festzulegen, mit der während des gesamten Kurses gearbeitet wird. Die gängigste Markierung ist folgende:

Vokal unterstrichen = langer Vokal
Vokal mit Punkt darunter = kurzer Vokal

Fordern Sie Ihre TN dazu auf, zunächst die E-Laute in Aufgabe 1c zu unterstreichen bzw. mit einem Punkt zu markieren. Lassen Sie die TN erst danach die Wörter in die Spalten *kurz* oder *lang* eintragen. Vergleichen Sie die Lösungen im Plenum und sprechen Sie die Wörter zunächst ebenfalls im Plenum. Danach werden die Wörter noch einmal in PA gesprochen.

In dieser Aufgabe bietet sich ebenfalls der Einsatz eines Haar- oder Küchengummis an:

Fordern Sie Ihre TN auf, die Wörter mit langem Vokal laut zu sprechen und dabei das Gummi auseinander zu ziehen. Die TN werden sehen, dass das Gummi nun lang ist und verknüpfen dieses Bild somit mit der Vokallänge. Weisen Sie darauf hin, dass das Gummi der Länge des Vokals entspricht. Das Gleiche machen Sie im Anschluss mit einem Wort, das einen kurzen Vokal trägt. Das Gummi wird nun nicht gespannt und bleibt deshalb kurz, so wie auch der Vokal.

A2.2, 1e

Hören Sie die Wortgruppen, die TN kreuzen an, welche E-Laute sie gehört haben. Vergleichen Sie danach im PL. Anschließend sprechen die TN die Wortgruppen in PA.

A2.2, 2a und b
Die Plosive und Auslautverhärtung

Die Laute ***b***, ***d*** und ***g*** hören sich „schwach" an, die Laute ***p***, ***k*** und ***t*** hingegen sehr „stark". Bei der Aussprache von ***p***, ***t*** und ***k*** müssen sich die Lippen öffnen und es entsteht eine kleine „Explosion", bei der viel Luft freigesetzt wird.

A2.2, 2c

Um die Behauchung der Laute zu üben, nehmen Sie ein Blatt Papier und sprechen Sie die folgenden Wörter: *Papier; Kater; Butter; Guten Tag; Bett.*

Wenn sich das Papier bewegt, wurde der Laut ausreichend behaucht ausgesprochen. Das Gleiche lässt sich mit einer Kerze machen. Die Kerze wird angezündet, die TN lesen die Wörter vor und die Flamme muss fast dabei ausgehen bzw. sehr stark flackern.

A2.2, 2d und e

Plosive (**b, d, g**) werden – anders als bei den meisten Sprachen – am Wort-und Silbenende „stark" ausgesprochen, z. B. Ta**g** [k], Kin**d** [t], gel**b** [p] und mit einem starken Hauch ausgesprochen („aspiriert"). Dies nennt man Auslautverhärtung.

A2.2, 2f

Die TN sollen ein Verständnis dafür entwickeln, wann die Plosive schwach und wann stark gesprochen werden. Die letzten vier Wörter (*Häuser, Mäuse, Detektive* und *Motive*) zeigen, dass die Laute ***s*** und ***v*** wie die Plosive funktionieren: Auch sie haben eine „schwache" und eine „starke" Variante, vgl.: *Hau**s*** (scharfes ***s***) – *Häu**s**er* (weiches ***s***).

Diese Laute wurden in den Aufgaben 2a-e nicht besprochen, da der Fokus dieses Kapitels auf den Plosiven liegt. Die letzten vier Wortpaare sollten daher eher von besonders starken Lernern bearbeitet werden, die hier die Möglichkeit haben, das bekannte Wissen auf neue Inhalte zu übertragen.

A2.2, 3a und b Der H-Laut

Der H- Laut kann zwei Positionen im Wort einnehmen: Entweder befindet er sich in der Wortmitte und dient der Dehnung eines nachfolgenden Vokals, wie z. B. bei dem Verb *se**h**en* oder er steht am Wort- oder Silbenanfang und wird stark behaucht gesprochen, wie bei den Wörtern ***H**aus* und *an|**h**alten.* Nur im 2. Fall ist er deutlich als ***h*** zu hören.

A2.2, 3c

Der H-Laut wird im Deutschen geräuschlos und ohne Enge im Hals gebildet. Sie können dies Ihren TN gut demonstrieren, indem Sie seufzend ausatmen (ohne Stimme) und dabei die Schultern hängen lassen und ein trauriges Gesicht machen. Eine andere Möglichkeit ist, die Hand oder einen Spiegel vor Ihren Mund zu halten und diesen wie eine Fensterscheibe zu behauchen.

A2.2, 4a-d Der Vokalneueinsatz

Im Deutschen haben Vokale am Wort- und Silbenanfang ein besonderes Merkmal: der Vokalneueinsatz (oder auch „Knacklaut" genannt). Er tritt immer dann auf, wenn ein Wort oder eine Silbe mit einem Vokal beginnt und dieser nicht mit dem vorangegangenen Wort oder der vorangegangenen Silbe verbunden wird.

im Ei	***Im*** und ***Ei*** kann lautlich nicht verbunden werden, ich muss eine kurze Sprechpause machen.
be´*antworten*	Der Muttersprachler hätte Verständnisschwierigkeiten, wenn die Silben ***be-*** und ***-ant*** miteinander lautlich verbunden wären. Die Pause sichert das Verständnis.

Aufgrund des Vokalneueinsatzes wird die deutsche Sprache von Nichtmuttersprachlern oft als staccatohaft wahrgenommen. Fordern Sie Ihre TN auf, sich eine geplatzte Seifenblase vorzustellen. Schreiben Sie einige Beispielwörter mit Knacklaut an die Tafel und sprechen Sie diese Ihren TN langsam vor. Machen Sie dort, wo der Knacklaut ist, eine deutliche Sprechpause, (z. B. *be|antworten*) und begleiten Sie diese mit einem Klatschen links von Ihrem Körper, wenn Sie „*be-*" sagen und rechts von Ihrem Körper, wenn Sie „*antworten*" sagen.

Eine andere Variante ist, während Sie „*be-*" sagen, eine Handbewegung zu machen, als würden Sie das Wort in der Luft senkrecht zerschneiden und wenn Sie „*antworten*" sagen, zu klatschen. Da der Knacklaut als Laut selbst kaum akustisch wahrnehmbar ist, erklären Sie Ihren TN, dass eine kurze, aber klare Sprechpause ausreichend ist.

TIPPS ZU DEN PRÜFUNGEN

Die Prüfung *Start Deutsch 2/telc Deutsch A2* ist ein wichtiger Meilenstein auf dem Weg zum *Deutsch-Test für Zuwanderer*. Wir möchten, dass die TN gut vorbereitet in die Prüfung gehen und sich sicher fühlen. Der **Übungstest** unterstützt sie dabei, indem er das Prüfungsformat transparent macht und gezielt auf die Aufgaben vorbereitet. Einen Überblick über das Testformat liefert die folgende Tabelle:

Testformat

telc Deutsch A2 (Start Deutsch 2)

	Subtest		Zeit	Punkte
Schriftliche Prüfung	Formalitäten		10 Minuten	
	1 Hören		**ca. 20 Minuten**	15
	2 und 3 Lesen und Schreiben		**50 Minuten**	15 15
	Übertragen der Lösungen durch die Teilnehmenden auf den Antwortbogen S30		10 Minuten	
	Gesamt		**90 Minuten**	
Mündliche Prüfung	**4 Sprechen**			
	Teil 1	Sich vorstelllen	ca. 3 Minuten	
	Teil 2	Ein Alltagsgespräch führen	ca. 4 Minuten	15
	Teil 3	Etwas aushandeln	ca. 4 Minuten	
	Beschlussfassung der Prüfenden		ca. 4 Minuten	
	Gesamt		**15 Minuten**	**60**

Die Noten errechnen sich aus der Gesamtpunktzahl wie folgt:

Ergebnispunkte	Prädikat
54–60	sehr gut
48–53,5	gut
42–47,5	befriedigend
36–41,5	ausreichend
0–35,5	teilgenommen

Um den TN einen realistischen Eindruck von der Prüfung zu vermitteln, führen Sie den im Band A2.2 enthaltenen Übungstest am besten einmal unter Prüfungsbedingungen durch. Dazu haben wir hier einige Informationen zur Prüfung und wichtige Durchführungshinweise für Sie zusammengestellt.

1. Halten Sie sich an die zeitlichen Vorgaben.

Die Prüfung besteht aus einem schriftlichen und einem mündlichen Teil. Die **Schriftliche Prüfung** dauert **90 Minuten**, die sich wie folgt zusammensetzen: Die ersten 10 Minuten sind für Formalitäten wie das Vorbereiten des Antwortbogens vorgesehen. Für die Bearbeitung des Teils Hören haben die TN ca. 20 Minuten Zeit, für Lesen und Schreiben sind 50 Minuten vorgesehen. Im Anschluss sind 10 Minuten für das Übertragen der Antworten auf den Antwortbogen eingeplant. Die **Mündliche Prüfung** dauert **15 Minuten**.

2. Erklären Sie, wie die Lösungen auf dem Antwortbogen markiert werden.

Für viele TN ist es ungewohnt, ihre Lösungen auf einem separaten Antwortbogen zu markieren. Erläutern Sie, wie der Antwortbogen aufgebaut ist und wie die Lösungen markiert werden. Bitten Sie die TN, dafür einen Bleistift zu benutzen und nicht außerhalb der vorgesehenen Felder zu schreiben. Weisen Sie die TN darauf hin, am Prüfungstag einen Radiergummi mitzubringen. Wir empfehlen, den Antwortbogen auf S. 121 im Kursbuch für alle TN zu kopieren. So können die TN den Antwortbogen neben die Aufgaben legen, um die Antworten zu übertragen. Sie als Kursleitende können den Antwortbogen am Ende zur Korrektur einfach einsammeln.

3. Halten Sie sich an die Reihenfolge der Prüfungsteile.

Die Schriftliche Prüfung beginnt mit dem Subtest **Hören**. Dieser besteht aus drei Teilen. Alle Anweisungen befinden sich in dem im Kursbuch abgedruckten Übungstest und auf der Tonaufnahme. Halten Sie die Tonaufnahme während des Tests nicht an. Alle notwendigen Pausen sind mitgeschnitten.

Nach Abschluss des Subtests Hören folgen ohne Pause die Subtests **Lesen und Schreiben**. Der Subtest **Lesen** besteht aus drei Teilen. In jedem Teil gibt es fünf Aufgaben. Alle notwendigen Anweisungen sind im Übungstest enthalten.

Der Subtest **Schreiben** besteht aus zwei Teilen. In Teil 1 sollen die TN ein Formular ausfüllen, in Teil 2 einen kurzen Brief verfassen. Weisen Sie die TN darauf hin, dass – wie in den bisherigen Testteilen – die Lösungen zu Schreiben (Teil 1) auf den Antwortbogen übertragen werden müssen und der Brief (Teil 2) ebenfalls auf den Antwortbogen geschrieben wird.

Nach Ablauf der Bearbeitungszeit für Lesen und Schreiben haben die TN 10 Minuten Zeit, um ihre Lösungen auf den Antwortbogen zu übertragen.

In der Regel findet die **Mündliche Prüfung** direkt im Anschluss an die schriftliche statt. Im Unterricht können Sie die Mündliche Prüfung aber auch an einem anderen Tag üben, wenn die Zeit knapp ist.

4. Nehmen Sie in der Mündlichen Prüfung die Rolle der Prüferin oder des Prüfers ein.

Die Mündliche Prüfung besteht aus **drei Teilen**. Es werden immer zwei TN gleichzeitig geprüft.

Beginnen Sie mit den ersten Prüfungspaar. Begrüßen Sie die TN und erklären Sie in wenigen Worten die Prüfung: *(Hallo), guten Tag. Mein Name ist … Ich begrüße Sie zum Test Deutsch A2 und wünsche Ihnen viel Glück. Diese Prüfung hat drei Teile. Wir beginnen mit Teil 1.*

Teil 1: Sich vorstellen (ca. 3 Minuten)

Das Aufgabenblatt für Teil 1 liegt so auf dem Tisch, dass beide TN die Stichworte gut lesen können. Geben Sie ein Beispiel vor und bitten Sie eine/n TN zu beginnen: *Am Anfang wollen wir uns ein bisschen besser kennen lernen und uns kurz vorstellen. Ich gebe Ihnen ein Beispiel: Mein Name ist … Ich bin … Jahre alt. Ich komme aus … Ich lebe in … Ich spreche Deutsch, … und ein bisschen … Von Beruf bin ich … Möchten Sie bitte anfangen?*

Nach der Kurzvorstellung der/des ersten TN stellen Sie zwei Zusatzfragen, die nach Möglichkeit an die Vorstellung anknüpfen. Danach wird mit der/dem zweiten TN ebenso verfahren. Schließen Sie dann Teil 1 ab und leiten Sie zu Teil 2 über: *Danke schön. Das war Teil 1.*

Teil 2: Ein Alltagsgespräch führen (ca. 4 Minuten)

Leiten Sie Teil 2 ein und nennen Sie das Gesprächsthema: *Wir kommen zum zweiten Teil. Sie sollen ein kurzes Gespräch miteinander führen. Das Thema ist [arbeiten].*

Breiten Sie sechs Karten offen auf dem Tisch aus und bitten Sie die TN, je drei Karten auszuwählen: *Diese Karten helfen Ihnen. Nehmen Sie bitte je drei Karten, davon jeder von Ihnen bitte eine Jokerkarte mit den Fragezeichen „... ?“*

Sie selbst haben eine siebte Karte und geben ein Beispiel: *Ich gebe Ihnen ein Beispiel: Ich habe die Karte „Wo... ?“. Ich kann also fragen: „Wo arbeiten Sie?“*

Bitten Sie eine/n der TN anzufangen: *Würden Sie bitte anfangen?*

Hinweis: Greifen Sie bitte nur ein, wenn das Gespräch nicht planmäßig verläuft. Wenn eine/r der TN mit Hilfe der Karte keine Frage stellen kann, formulieren Sie die Frage. Falls die Frage eines TN außerhalb des vorgegebenen Themenbereichs liegt, unterbrechen Sie kurz und erinnern Sie die TN an das Thema.

Nachdem beide TN im Wechsel drei Fragen gestellt und drei Antworten gegeben haben, schließen Sie den zweiten Teil ab und leiten zu Teil 3 über: *Danke schön. Das war Teil 2.* Wir *kommen nun zu Teil 3.*

Teil 3: Etwas aushandeln (ca. 4 Minuten)

Geben Sie den TN die beiden unterschiedlichen Aufgabenblätter und nennen Sie die Aufgabe: *Sie wollen zusammen für die Kinder der Kursteilnehmer kochen. Besprechen Sie, was die Kinder gerne essen würden. Machen Sie Vorschläge.*

Hinweis: Wenn die TN sehr schnell einen Konsens erreicht haben oder das Ergebnis zu ungenau ist, bitten Sie sie, eine weitere Lösung auszuhandeln oder ihre Vereinbarung zu präzisieren, z.B.: *Wissen Sie schon, was es zum Nachtisch geben soll?* Sollte ein/e TN gar nichts zur Lösung der Aufgabe beitragen können, übernehmen Sie die Rolle des Gesprächspartners.

Nach Abschluss von Teil 3 beenden Sie die Prüfung: *Das war Teil 3. Damit ist die Prüfung zu Ende. Vielen Dank.*

5. Erklären Sie, wie die Prüfungsleistungen bewertet werden.

Einige TN möchten verstehen, wie ihre Leistungen bewertet werden. Erklären Sie, dass in der Mündlichen Prüfung und auch bei im Prüfungsteil Schreiben keine Perfektion erwartet wird. Die TN dürfen Fehler machen und können trotzdem die volle Punktzahl erreichen.

Hören, Teil 1 / Schreiben, Teil 1

Überprüfen Sie die Antworten der TN auf dem Antwortbogen und bewerten Sie mit (+) für richtig und (–) für falsch.

Rechtschreibfehler sind für die Erfüllung der Aufgabe in der Regel nicht relevant. Bei der Lösung „Donnerstag“ sind Teilnehmerleistungen wie „Donerstach“ oder „donnastag“ zu akzeptieren. Bei Aufgaben mit Zahlen können nur eindeutig richtige Lösungen akzeptiert werden: Falsche oder verdrehte Zahlen (z. B. für die richtige Bankleitzahl 500 548 10 eine falsche Angabe wie 500 549 01) werden als falsch gewertet, auch wenn die/der TN richtig erkannt hat, dass sie/er, um bei diesem Beispiel zu bleiben, als Lösung eine Bankleitzahl einsetzen muss.

Schreiben, Teil 2

Bei der Schreibaufgabe 2 können insgesamt 10 Punkte vergeben werden. Jeder der drei Inhaltspunkte kann bis zu 3 Punkte für die Erfüllung der Aufgabenstellung erhalten. Für den gesamten Text kann bis zu 1 Punkt für die kommunikative Gestaltung vergeben werden.

Bewerten Sie die Schreibleistung auf dem Antwortbogen nach folgenden Kriterien:

		Punkte	
1	Erfüllung der Aufgabenstellung (pro Inhaltspunkt)	3	Aufgabe voll erfüllt und verständlich
2		1,5	Aufgabe wegen sprachlicher und inhaltlicher Mängel nur teilweise erfüllt
3		0	Aufgabe nicht erfüllt und/oder unverständlich

		Punkte	
K	Kommunikative Gestaltung des Texts	1	der Textsorte angemessen
		0,5	untypische oder fehlende Wendungen, z. B. keine Anrede
		0	keine textsortenspezifischen Wendungen

Mündliche Prüfung

Bewerten Sie die Leistung der TN nach folgenden Kriterien:

	Punkte	
Erfüllung der Aufgabenstellung und sprachliche Realisierung	volle Punktzahl	Aufgabe voll erfüllt und verständlich
	halbe Punktzahl	Aufgabe wegen sprachlicher und inhaltlicher Mängel nur teilweise erfüllt
	0 Punkte	Aufgabe nicht erfüllt und/oder unverständlich

Die Punkte werden auf den Bewertungsbogens M10 eingetragen. Dieser gibt gleichzeitig einen Überblick über den Ablauf der mündlichen Prüfung:

telc
LANGUAGE TESTS

telc Deutsch A2

Ergebnis Sprechen

A	B
Prüfungsteilnehmer/in Nr.: ______	**Prüfungsteilnehmer/in Nr.:** ______
Name	Name
Geburtsdatum	Geburtsdatum

Teil 1 max. 3 Punkte

A					B				
V Vorstellen	1	0,5	0		Vorstellen	1	0,5	0	**V**
Z Zusatzfragen	2	1	0		Zusatzfragen	2	1	0	**Z**

Teil 2 max. 6 Punkte

A					B				
A Frage	1	0,5	0	**A**	Antwort	1	0,5	0	**A**
B Antwort	1	0,5	0	**B**	Frage	1	0,5	0	**B**
C Frage	1	0,5	0	**C**	Antwort	1	0,5	0	**C**
D Antwort	1	0,5	0	**D**	Frage	1	0,5	0	**D**
E Frage	1	0,5	0	**E**	Antwort	1	0,5	0	**E**
F Antwort	1	0,5	0	**F**	Frage	1	0,5	0	**F**

Teil 3 max. 6 Punkte

A				B				
A Erfüllung der **A**ufgabenstellung	3	1,5	0	Erfüllung der **A**ufgaben-stellung	3	1,5	0	**A**
R Sprachliche **R**ealisierung	3	1,5	0	Sprachliche **R**ealisierung	3	1,5	0	**R**

A	B
Punkte **/15**	Punkte **/15**

Ort, Datum

Prüfende/r 1

Prüfende/r 2

M10

Um die Prüfungsteile Hören und Lesen zu bewerten, vergleichen Sie die Antworten mit dem Lösungsschlüssel, den Sie auf S. 65 in diesem Lehrerhandbuch finden. Die Punkteverteilung ist wie folgt:

Prüfungsteil	Punkte
Hören	15
Lesen	15
Schreiben	15
Sprechen	15

Die Prüfung gilt als bestanden, wenn mindestens 41,5 der maximal erreichbaren 60 Punkte erreicht werden.

Ergebnispunkte	Prädikat
54 – 60	sehr gut
48 – 53,5	gut
42 – 47,5	befriedigend
36 – 41,5	ausreichend
0 – 35,5	teilgenommen

Aufgaben im Prüfungsformat

Sowohl im Kurs- als auch im Arbeitsbuch gibt es Aufgaben, die dem Prüfungsformat von *Start Deutsch 2/ telc Deutsch A2* (SD2) oder auch dem *Deutsch-Test für Zuwanderer* (DTZ) entsprechen. Das kontinuierliche Trainieren der Prüfungsaufgaben erleichtert den TN den Umgang mit der Prüfung, da ihnen die einzelnen Aufgaben schon bekannt sind. In der folgenden Tabelle finden Sie eine Übersicht, welche Übung welcher Prüfung zugeordnet werden kann:

Seite	Lektion	Übung	Fertigkeit	Aufgabe im Prüfungsformat
A2.1, S. 8-9	1 KB	1b (1–7)	Lesen	SD2: Lesen, Teil 2
A2.1, S. 9	1 KB	2a	Hören	SD2: Hören, Teil 2
A2.1, S. 16	2 KB	1b (1–3)	Hören	SD2: Hören, Teil 1
A2.1, S. 24	3 KB	1c (1–4)	Lesen	DTZ: Lesen, Teil 2
A2.1, S. 48	6 KB	2a (1–3)	Lesen	SD2: Lesen, Teil 2; DTZ: Lesen, Teil 4
A2.1, S. 63	1 AB	6b (1–3)	Hören	SD2: Hören, Teil 2; DTZ: Hören, Teil 2
A2.1, S. 66	1 AB	15 (1–5)	Schreiben	SD2: Schreiben, Teil 1
A2.1, S. 74	2 AB	10 (1–4)	Hören	DTZ: Hören, Teil 4
A2.1, S. 75	2 AB	12a (1–3)	Hören	DTZ: Hören, Teil 1
A2.1, S. 82	3 AB	13 (1–3)	Lesen	SD2: Lesen, Teil 2; DTZ: Lesen, Teil 4
A2.1, S. 82	3 AB	14 (1–5)	Lesen	DTZ: Lesen, Teil 5
A2.1, S. 83	3 AB	15 (1–4)	Hören	DTZ: Hören, Teil 3
A2.1, S. 90	4 AB	11a (1–15)	Schreiben	SD2: Schreiben, Teil 1
A2.1, S. 91	4 AB	14 (1–3)	Lesen	SD2: Lesen, Teil 1; DTZ: Lesen, Teil 1
A2.1, S. 95	5 AB	6a (1–3)	Lesen	SD2: Lesen, Teil 2; DTZ: Lesen, Teil 4
A2.1, S. 104	6 AB	9a (1–4)	Lesen	SD2: Lesen, Teil 2 DTZ: Lesen, Teil 4
A2.1, S. 106	6 AB	11 (1–6)	Lesen	DTZ: Lesen, Teil 5

Seite	Lektion	Übung	Fertigkeit	Aufgabe im Prüfungsformat
A2.1, S. 107	6 AB	12 (1–2)	Hören	SD2: Hören, Teil 1
A2.1, S. 107	6 AB	13	Schreiben	SD2: Schreiben, Teil 2
A2.1, S. 107	6 AB	14 (1–4)	Hören	DTZ: Hören, Teil 3
A2.1, S. 110	Zwischentest 1–3	1–3	Hören	SD2: Hören, Teil 1
A2.1, S. 110-111	Zwischentest 1–3	4–6	Lesen	SD2: Lesen, Teil 1; DTZ: Lesen, Teil 1
A2.1, S. 111	Zwischentest 1–3	Schreiben	Schreiben	SD2: Schreiben, Teil 2
A2.1, S. 112	Zwischentest 4–6	1–4	Hören	SD2: Hören, Teil 2; DTZ: Hören, Teil 2
A2.1, S. 112	Zwischentest 4–6	5–8	Lesen	SD2: Lesen, Teil 2
A2.1, S. 113	Zwischentest 4–6	Schreiben	Schreiben	SD2: Schreiben, Teil 1
A2.2, S. 10	5 KB	5 (1–4)	Lesen	SD2: Lesen, Teil 1; DTZ: Lesen, Teil 1
A2.2, S. 43	11 KB	6c	Schreiben	SD2: Schreiben, Teil 2
A2.2, S. 45	11 KB	8 (1–5)	Lesen	SD 2: Lesen, Teil 2
A2.2, S. 53	12 KB	9a	Sprechen	DTZ: Sprechen, Teil 3
A2.2, S. 65	7 AB	8c (1–5)	Lesen	SD2: Lesen, Teil 1; DTZ: Lesen, Teil 1
A2.2, S. 91	10 AB	12 (1–6)	Lesen	SD2: Lesen, Teil 1; DTZ: Lesen, Teil 1
A2.2, S. 98	11 AB	8 (1–6)	Lesen	DTZ: Lesen, Teil 5
A2.2, S. 98	11 AB	9	Schreiben	SD2: Schreiben, Teil 2
A2.2, S. 99	11 AB	10 (1–5)	Lesen	SD2: Lesen, Teil 3; DTZ: Lesen, Teil 2
A2.2, S. 102–103	12 AB	3a (1–5)	Hören	SD2: Hören, Teil 2; DTZ: Hören, Teil 2
A2.2, S. 107	12 AB	9 (1–5)	Hören	SD2: Hören, Teil 1
A2.2, S. 110	Zwischentest 7–9	Hören (1–3)	Hören	SD2: Hören, Teil 3
A2.2, S. 110–111	Zwischentest 7–9	Lesen (4–6)	Lesen	SD2: Lesen, Teil 3; DTZ: Lesen, Teil 2
A2.2, S. 111	Zwischentest 7–9	Schreiben	Schreiben	SD2: Schreiben, Teil 2
A2.2, S. 112	Zwischentest 10–12	Hören, Teil 1 (1–3)	Hören	SD2: Hören, Teil 2; DTZ: Hören, Teil 2
A2.2, S. 112	Zwischentest 10–12	Hören, Teil 2 (4–7)	Hören	SD2: Hören, Teil 3
A2.2, S. 113	Zwischentest 10–12	Lesen (8–11)	Lesen	SD2: Lesen, Teil 1; DTZ: Lesen, Teil 1
A2.2, S. 113	Zwischentest 10–12	Schreiben (1–5)	Schreiben	SD2: Schreiben, Teil 1

Lektion 1

1a	1 M, 2 R, 3 M, 4 R, 5 R
1b	1 falsch, 2 richtig, 3 falsch, 4 richtig, 5 richtig, 6 richtig, 7 falsch
2a	Am Sonntagvormittag.
2b	a, d
3b	Straßenfest und Kino
4a	1 mich, 2 ihn, 3 dich
4c	1 dich, 2 mich, 3 ihn, 4 mich
4d	Rabias Neffe
5a	1 uns, 2 euch, 3 sie
5b	1 euch, 2 sie, 3 uns, 4 sie
5c	3, 1, 4, 2
7a	1 B, 2 D, 3 C, 4 A
7b	1b, 2d, 3c, 4a, 5e

Lektion 2

1a	1 auf dem, nach, 2 an der, zum, 3 im, in die, 4 auf der, zur
1b	1b, 2c, 3c
1c	1b, 2c, 3d, 4a
2a	z. B. Entschuldigung, wie komme ich ins Stadtzentrum? - Ganz einfach. Nehmen Sie die U-Bahn. Die Linie 4 fährt ins Stadtzentrum. - Und wo ist die nächste U-Bahnstation? - Da drüben. Sehen Sie das Schild? Ah ja. Vielen Dank.
2b	U4, U1, S9
3a	M, K, K, M, K, M, M, K, M, M
3b	Der Zug fährt um 10:50 Uhr statt um 10:55 Uhr in Frankfurt ab. Die Fahrt dauert 58 Minuten statt 53 Minuten.
3c	1 Dresden, 13:19, 18:38, Leipzig, 2 Berlin, 12:58, 17:09, Hannover
4a	Fernbus: 11 €, 1 Stunde, Zug: 28 €, 58 Minuten
4b	dem Fernbus, dem Zug, dem Zug/Fernbus, dem Fernbus/Zug
4c	lang – kurz, früh – spät, teuer – billig, gut – schlecht, viel – wenig, weit – nah, neu – alt, einfach – schwierig
4d	2 Die Fahrt nach Köln ist kürzer als die Fahrt nach München. 3 Die Bahnfahrkarte kostet mehr als die Busfahrkarte. 4 Die U-Bahn-Station ist weiter (weg/entfernt) als die Bushaltestelle. 5 Die Fahrt mit dem Zug dauert kürzer als die Fahrt mit der U-Bahn.
6a	Bus: Alex, Bahn: Karim, Auto: Gregor
6b	2 Deshalb fahre ich mit der U-Bahn zur Arbeit. 3 Deshalb habe ich eine Monatskarte. 4 Deshalb nehme ich ein Taxi. 5 Deshalb verpasse ich meinen Anschluss in Frankfurt. 6 Deshalb komme ich zu spät zur Arbeit.
7a	1c, 2a, 3b
7b	c
8b	1 falsch, 2 richtig, 3 richtig (um 12:28 Uhr), 4 falsch, 5 falsch
9	die Reisemöglichkeiten, die Anschlusszüge, die Fahrpläne, technische Störungen, die Hin- und Rückfahrten

Lektion 3

1a	1 richtig, 2 falsch, 3 falsch, 4 richtig, 5 richtig
1b	EG = Erdgeschoss, OG = Obergeschoss, DG = Dachgeschoss, Altb. = Altbau, Neub. = Neubau, zzgl. = zuzüglich, NK = Nebenkosten, m^2/qm = Quadratmeter, WG = Wohngemeinschaft, Zi. = Zimmer, möbl. = möbliert, EBK = Einbauküche, Blk. = Balkon, TG-Stellpl. = Tiefgaragen-Stellplatz, MM = Monatsmiete, Kaut. = Kaution
1c	1d, 2c, 3b, 4a
2a	c, g, d, a, e, b, f
3	Ihnen, Mir, dir, ihm, Ihnen, uns
4	z. B.: 3 Später, 6 Zuletzt, 1 Zuerst, 4 Danach, 2 Dann, 5 Schließlich
5a	1 unter das Fenster, 2 über den Fernseher, 3 auf den Tisch, 4 unter den Tisch, 5 ins Regal
5b	1 unter dem Fenster, 2 über dem Fernseher, 3 auf dem Tisch, 4 unter dem Tisch, 5 im Regal
5c	1 stellen, legen, hängen, 2 stehen, liegen, hängen
6a	die, den, den, die, der, dem, dem, den
6b	1 die, 2 den, 3 das, 4 der, 5 dem, 6 dem
7a	2 unter das Bett, 3 über das Bett/an die Wand, 4 auf den Teppich/neben das Bett
8a	1 IMH Hausverwaltung, 2 IMH Hausverwaltung, 3 Michaela und Tayo Okoye, 4 IMH Hausverwaltung i. A. Peter Krause, 5 Stadtwerke Frankfurt am Main, 6 Erna Helbig
8b	a 6, b 3, c 4, d 5, e 1, f 2
9a	1 falsch, 2 richtig, 3 falsch, 4 falsch
10a	Wer? Michaela und Tayo, Wo? in der Wohnung, Wann? Am Samstag, 9.10., ab 17 Uhr, Was? den Einzug feiern

Lektion 4

1a	die Agentur für Arbeit
1b	2 Standesamt, 3 Ausländeramt, 4 Einwohnermeldeamt
1c	1 Reisepass, 2 Familienbuch, 3 Führerschein, 4 Geburtsurkunde
2a	1 richtig, 2 richtig, 3 falsch, 4 richtig
2b	2, 3, 6
3a	2c, 3f, 4a, 5d, 6b
3b	2 Sie müssen zur Zulassungsstelle gehen, wenn Sie ein Auto anmelden möchten. 3 Sie dürfen in Deutschland arbeiten, wenn Sie eine Arbeitserlaubnis haben. 4 Sie können den Antrag online ausfüllen, wenn Sie Internet haben. 5 Fragen Sie einen Mitarbeiter, wenn Sie das Formular nicht verstehen. 6 Sie können zur Volkshochschule gehen, wenn Sie einen Sprachkurs machen möchten.
4b	1 Schwägerin, 2 Neffe, 3 Schwiegermutter, 4 Enkelkinder, 5 Geschwister
5a	1 etwas, 2 alles, 3 alles, 4 etwas, 5 nichts
5b	1 etwas, 2 alles, 3 etwas, 4 nichts, 5 alles
6a	1 Entschuldigen Sie bitte. 2 Ich habe eine Frage. 3 Was bedeutet das Wort? 4 Noch einmal, bitte. 5 Wie schreibt man das?
6b	1 Kann ich Sie etwas fragen? 2 Können Sie das bitte wiederholen? 3 Ich verstehe das Wort nicht.
7a	Zimmer 24
7c	1 richtig, 2 richtig, 3 falsch, 4 richtig, 5 richtig
7d	1 Christian, - , 11.12.1984, verheiratet, Deutschland; 2 Petrova, 21.07.1986, weiblich, Bulgarien

Lektion 5

1a	1 vor, 2 seit, 3 vor, 4 seit, 5 Seit
1b	1 Sandro, 2 Karim, 3 Karim, 4 Stefan, 5 Stefan, 6 Sandro, 7 Karim, 8 Sandro
2b	1 richtig, 2 falsch, 3 falsch, 4 richtig, 5 falsch
2c	1 finden, 2 lernen, 3 besuchen
4b	1 gekommen, 2 gelernt, 3 gemacht, 4 gereist, 5 kennengelernt, 6 angefangen, 7 gedauert
4c	1 besucht, 2 studiert, 3 passiert, 4 verloren, 5 verdient, 6 erklärt
5a	1c, 2d, 3e, 4a, 5b
6a	1 Berufliche Weiterbildung, 2 Sprachen, 3 Kochen,

4 Gesundheit & Fitness

6b 1 Stefan, 2 Karim, 3 Sandro

6c Sandro: Englisch für alle (2), Stefan: Man(n) kann kochen (3), Karim: Die perfekte Bewerbung (1)

7a 2 lernen, 3 beenden, 4 finden, 5 studieren, 6 verdienen

Lektion 6

1a Lauras Chef hat keine Stelle mehr für sie.

1b 1c, 2b, 3a

1c Geh doch mal ..., Mach doch ..., Such doch ...

2a 1 richtig, 2 richtig, 3 falsch

2b sich informieren, sich bewerben, sich melden

2c 1 mich, sich, 2 dich, mich, 3 dich, mich, 4 mich, mich, sich

3a 1b, 2d, 3a, 4e, 5c

4a 1a, 2a, 3b, 4a

4b 1c, 2a, 3b

4c 1 Ich lerne Deutsch, denn ich möchte in Deutschland arbeiten. 2 Ich muss mich beeilen, denn ich habe gleich einen Termin. 3 Ich freue mich, denn ich habe eine Stelle gefunden. 4 Ich möchte in Teilzeit arbeiten, denn ich habe zwei kleine Kinder.

5a 3

5b 3

5c 2 5, 3 4, 4 2, 5 3

5d 1 Ich muss mich beeilen, weil ich einen Termin habe. 2 Laura möchte im Stadtzentrum arbeiten, weil sie kein Auto hat. 3 Wir möchten nicht umziehen, weil wir gerne hier leben. 4 Ich bin zufrieden, weil ich eine gute Arbeit habe.

6 1 Persönliche Daten, 2 Staatsangehörigkeit, 3 ledig, 4 Schulbildung, 5 Abschluss: Restaurantfachfrau, 6 Praktikum im Café Rose Warschau (4 Wochen), 7 Kunden bedienen und kassieren, 8 Sprachen, 9 Interessen, 10 Salsa tanzen

7b sympathisch, nett, professionell

Lektion 7

1a 1 richtig, 2 richtig, 3 falsch, 4 richtig, 5 falsch

1b wunderschön, schick, hübsch, toll

1d den, den, Den, Der, Der

2 1 In ein Sportgeschäft, 2 Flip-Flops, Turnschuhe, Badehose

3a 1 kariert, 2 gestreift, 3 gepunktet, 4 einfarbig, 5 bunt, 6 schwarz-weiß

3b die karierten Badeshorts, die blauen Flip-Flops, die roten Turnschuhe

3c 1 12 €, 2 S und XL, 3 43, 4 vor zwei Jahren, 5 99 €

4a 2 die grüne Handtasche, 3 der braune Gürtel, 4 die schwarze Herrenjacke, 5 der blaue Pullover, 6 die bunten/gestreiften Socken, 7 das karierte Hemd, 8 der gelbe Mantel

5a 1 1. OG, 2 4. OG, 3 3. OG, 4 2. OG

5b die Babyartikel, die Kinderbekleidung, die Spielwaren, der Rad-/Lauf-/Wasser-/Wintersport, die Navigationsgeräte, die Hörbücher, die Küchengeräte, die Kaffeespezialitäten, die Damen-/Herrendüfte, die Haut-/Haarpflege, die Naturkosmetik, die Kosmetiktaschen, der Gold-/Silber-/Modeschmuck, die Damen-/Herrenuhren, die Bademode

6a eine Maus, ein Navi, --- Kopfhörer

6b eine neue Maus, ein neues Navi, neue Kopfhörer

7a Das Handy wurde geklaut.

7b groß, schlank, dunkle, kurze, glatte Haare, einen Bart, ein Tattoo, braune Augen

8b 1 Ofenkartoffel mit Kräuterquark, 2 Currywurst mit Pommes, 3 Kartoffelsalat mit Würstchen, 4 Steak mit Kartoffelecken, 5 Schnitzel mit Bratkartoffeln

8c vegetarisch: 1, Rindfleisch: 4

8d 1 kochen, 2 backen, 3 frittieren, 4 braten

9a 1 falsch, 2 richtig, 3 richtig, 4 falsch, 5 falsch

9b 1a, 2b

9c Vorspeise: kleiner griechischer Salat, Hauptgericht: Schnitzel mit Champignons und Bratkartoffeln, Karim: Ofenkartoffel mit Kräuterquark und Salat, Apfelkuchen mit Vanilleeis und Sahne

9d 1a, 2b, 3a, 4a

Lektion 8

1a 3

1b 2 Kontoverbindung, 3 Krankenversicherung, 4 vorbeikommen

1c 1 Könnten Sie bitte Ihre Steuernummer nennen? 2 Würden Sie bitte Ihre Kontoverbindung angeben? 3 Könnten Sie bitte Informationen zu Ihrer Krankenversicherung geben? 4 Würden Sie bitte am Donnerstag vorbeikommen?

2a 10:00: Frau Schleicher, 13:30: Sicherheitsbeauftragter, 14:00: Frau Thomas, 15:00: Telefontraining

2b Kaffee machen, Wasser bereitstellen, Unterlagen ausdrucken, Informationen vom Außendienst bereitstellen, Protokoll schreiben

2c Machen Sie bitte Kaffee./Würden Sie bitte Kaffee machen?

Stellen Sie bitte Wasser bereit./Würden Sie bitte Wasser bereitstellen?

Drucken Sie bitte die Unterlagen aus./Würden Sie bitte die Unterlagen ausdrucken?

Besorgen Sie bitte Informationen vom Außendienst./Würden Sie bitte Informationen vom Außendienst besorgen?

Schreiben Sie bitte Protokoll./Würden Sie bitte Protokoll schreiben?

3a Mittwoch, 10:00, Schmidt Elektrik, Besprechung in der Firma Schmidt

Donnerstag, 15:00, Frau Obermann, Besprechung im kleinen Besprechungsraum

Donnerstag, ab 15:30, an der Besprechung teilnehmen

heute, Herr Kraft, anrufen und Termin verlegen

heute, bis Feierabend, Dokument kopieren

4b 2 Sie dürfen die Steckdosen nicht überlasten. 3 Sie dürfen keinen „Kabelsalat" an Ihrem Arbeitsplatz haben. 4 Sie dürfen keine offenen Flammen wie Kerzen und Teelichter im Büro benutzen. 5 Sie dürfen im ganzen Haus nicht rauchen.

5a nicht zu lange sitzen, sich bewegen, regelmäßig Pause machen

5b 2 Sie sollten Arme und Knie im 90°-Winkel halten. 3 Sie sollten den Bildschirm nicht in Richtung Fenster stellen. 4 Sie sollten regelmäßig Pausen machen. 5 Sie sollten nicht zu lange auf den Bildschirm schauen. 6 Sie sollten aufstehen und sich bewegen.

6a 5, 2, 1, 4, 6, 3

6c 2 Ich spreche sehr höflich mit dem Anrufer. 3 Ich antworte dem Kunden freundlich. 4 Ich helfe allen Kunden schnell und unbürokratisch.

6d 2 ihrem, 3 seinen, 4 unserer, 5 ihrer/seiner, 6 deinen, 7 seiner, 8 eurem

7a 1b, 2b, 3a Text über Miguel und seine Arbeit, 3b Foto von Miguel

7b 1 falsch, 2 richtig, 3 richtig, 4 richtig

Lektion 9

1b für Eltern

1c 1 ja, 2 mit 6 Jahren, 3 4 Jahre, 4 nein

1e 2d, 3b, 4a

1f 1 falsch, 2 richtig, 3 falsch, 4 falsch, 5 richtig

2a Dieter Henkel: weil es bei den Olympischen Spielen auch so ist. Christian Schmidt: weil Jungen beim Sport aggressiver sind als Mädchen.

3a 1 Deutsch, 2 Erdkunde, 3 Mathematik, 4 Religionsunterricht, 5 Biologieunterricht, 6 Geschichte

3c Annika: Mathe, Musik und Kunst; Feuerwehrfrau, Pilotin, Tierpflegerin; Till: Gesamtschule, 9. Klasse; Sport; Polizist; Ole: Gesamtschule, 8. Klasse; Englisch, Biologie; Lehrer

4a 1 konnte, 2 sollten, 3 wollte, 4 musste, 5 durfte, 6 muss, 7 darf, 8 kann

4b 1 durfte, musste, 2 sollte, wollte, 3 wollte, konnte

5a Elternsprechtag und Elternabend überschneiden sich eine Stunde lang.

5b Elternsprechtag: Gespräch mit einzelnen Lehrern über schulische Leistungen, Elternabend: Alle Eltern einer Klasse und der Klassenlehrer nehmen teil.

5c „Sehr geehrte …" und „Mit freundlichen Grüßen" ist formeller. Andere Varianten z. B.: „Guten Tag, Herr/Frau …", „Hallo Frau/Herr …" (informell), „Freundliche Grüße", „Viele Grüße" …

5d 1 falsch, 2 falsch, 3 falsch, 4 richtig, 5 richtig

6a 2 Alle Eltern, 3 alle Lehrer, 4 alle Fragen, 5 alle Schüler

6b 2 Alle, 3 jeder, jede, 4 alle, 5 jede

6c 1 eine 3 plus, 2 träumen, 3 Kickboxen, Computer, Angelina, 4 zwei Fünfen, 5 Er bekommt eine 5 im Zeugnis.

Lektion 10

1a 1a, 2f, 3e, 4d, 5c, 6b, 7g

1b Yoga machen, zu Toms Orthopädin gehen

1c a meine, b seine, sein, d Meine, deinen, e meinen

2b 2 während der Arbeit kurze Pausen machen und den Kopf bewegen. 3 im Internet nach einem Yogakurs schauen. 4 bei seiner Krankenkasse anrufen. 5 seinen Hausarzt oder Apotheker fragen.

3a 2 seine, 3 ihren, 4 unsere, 5 ihre

3b z. B. 1 … fahren wir Fahrrad. 2 Für meine Fitness gehe ich laufen. 3 Für unseren Körper trainieren wir regelmäßig. 4 Für ihre Gesundheit essen Rabia und Miguel Obst.

5b 1b, 2c, 3d, 4a

5c z. B. Ich nehme eine Schmerztablette, damit meine Kopfschmerzen weggehen. Ich lege den Fuß hoch, damit die Schmerzen weniger werden. Ich kühle mit Eis, damit die Schmerzen im Fuß weggehen. Ich kaufe eine Salbe, damit die Schmerzen in der Hand weggehen. Ich bleibe im Bett, damit die Grippe weggeht. Ich mache Sport, damit der Stress weniger wird. Ich nehme eine Wärmeflasche, damit die Bauchschmerzen weggehen. Ich gehe zum Arzt, damit er meine Zahnschmerzen behandelt.

6a 1 richtig, 2 falsch, 3 richtig, 4 falsch

6b 2 verschreibe, 3 empfehle, 4 zeigt, helfen, 5 wünsche

6c 1

8a 1b, 2c, 3c, 4b

9a 5 und 7

10a 1 Absender, 2 Adresse, 3 Adresse, 4 Ort, 5 Datum, 6 Betreff, 7 Anrede, 8 Text/Grund, 9 Gruß, 10 Unterschrift

Lektion 11

1 1 einzahlen, 2 wechseln, 3 abheben, 4 überweisen

2a 1 der, 2 das, 3 die

2b Sergej möchte ein Konto eröffnen. Kikis Cousin arbeitet bei der Bank. Moritz möchte am Geldautomaten Geld abheben.

2c 1 das, 2 der, 3 die, 4 das, 5 die, 6 die

3a 1, 2, 4, 5

3b 1 falsch, 2 richtig, 3 falsch, 4 falsch

5a 1 ja, aber nur im ersten Jahr, 2 an Geldautomaten Geld abheben und an der Kasse bargeldlos bezahlen, 3 nein, nur am Automaten, 4 Kontoauszüge ausdrucken, Online-Banking

5b 1 der, 2 denen, 3 dem, 4 denen, 5 der

6a 1b, 2c, 3a

6c Bei Kreditinstitut: Sparbank Hessen, Betrag in EUR: 25,95 €, Verwendungszweck: 6110099-M, Kundenreferenz: 35002557, IBAN Zahlungsempfänger: DE 76 9135 4017 0918 0480 77, BIC Zahlungsempfänger: NADDDE99XXX, Zahlungsempfänger: Martins Musikladen

7a 1 wird, 2 repariert, 3 werden, 4 ausgedruckt

7b 1a, 2c, 3b, 4d

7c 1 überweisen, 2 drucken, 3 zählen, 4 reparieren, 5 eingeben, 6 stehlen, 7 schlachten

8 1 falsch, 2 falsch, 3 richtig, 4 falsch, 5 richtig

Lektion 12

1b Paul: Schach spielen, Wafaa: Basketball spielen, Heinrich: kochen

1c 2 seinem Opa, 3 ihrer Schulklasse, 4 mit ihrem Mann, 5 mit seiner Frau, 6 der Tanzschule

1e 1 ihrer, 2 Ihren, 3 eurem, 4 ihren, 5 seinem

2a Tipp 1: c, Tipp 2: b, Tipp 3: d, Tipp 4: a

2b 1 richtig, 2 falsch, 3 falsch, 4 richtig, 5 falsch, 6 richtig, 7 richtig, 8 falsch

2c b Der Schnupperkurs kostet 25 € pro Person. c Beim Kreativ-Tag werden Taschen genäht. e Der City-Poetry-Slam findet am Samstagabend statt. h Das Programm ist für Kinder.

3a a Uhrzeit …, b Von Bonn …, c Das Open-Air-Event …

4a Stefan spielt Fußball. Er interessiert sich auch für andere Sportarten.

4b wir treffen uns, wir ziehen uns um, ich ärgere mich über, wir ärgern uns über, ich freue mich über, wir freuen uns über, ich interessiere mich für, wir interessieren uns für, ich unterhalte mich über, wir unterhalten uns über, ich konzentriere mich auf, wir konzentrieren uns auf

4c 1 dich, 2 uns, 3 euch, 4 dich, 5 sich, 6 mich

5 Deshalb gehe ich nicht mit zum Fußball. Trotzdem gehe ich mit zum Fußball.

6a 2 Das Wetter ist sehr schlecht. Deshalb machen wir keine Radtour./Trotzdem machen wir eine Radtour. 3 Ich habe nicht viel Geld. Deshalb fahre ich nicht in Urlaub./Trotzdem fahre ich in Urlaub. 4 Sie ist sehr müde. Deshalb geht sie heute früh ins Bett./Trotzdem geht sie heute nicht früh ins Bett. 5 Er will die Prüfung schaffen. Deshalb lernt er viel./Trotzdem lernt er nicht viel. 6 Sie hat wenig Freizeit. Deshalb wechselt sie den Job./Trotzdem wechselt sie nicht den Job.

7a Sie wollen am Wochenende eine Gartenparty machen.

7b einen großen Grill, kühle Getränke, frisches Fleisch, gute Grillkohle, ein leckeres Brot, eine tolle Soße, einen gemischten Salat, knackige Würstchen

7c Er will mit seiner Familie eine Radtour oder eine Schiffstour machen.

7d 1 leckere Brot, 2 kühlen Getränke und das frische Fleisch, 3 Grill und neue Grillsoßen, 4 wundervollen Nudelsalat

8a 1 eine, 2 einen, 3 keine, 4 eine

8b einer, keine, welche, eins, eins, keine, keins, eins

Übungstest Start Deutsch 2

Hören, Teil 1
1 um 13 (dreizehn) Uhr
2 am Vormittag
3 unterschreiben / zu uns kommen / ins Büro kommen
4 6 (sechs)
5 beim Haupteingang

Hören, Teil 2
6 c
7 a
8 b
9 c
10 c

Hören, Teil 3
11 c
12 b
13 h
14 d
15 a

Lesen, Teil 1
1 c
2 c
3 a
4 a
5 b

Lesen, Teil 2
6 -
7 +
8 -
9 +
10 -

Lesen, Teil 3
11 g
12 f
13 c
14 X
15 a

Schreiben, Teil 1
1 Murcia, Spanien
2 Spanisch
3 Übersetzerin
4 ja
5 Alicia Schhmidt

Lektion 1

Aufgabe 1a (Track 1.2)
▶ Du, Rabia? Was machen wir denn am Sonntag?
▷ Ich weiß nicht. Vielleicht ist ja in der Stadt was los.
▶ Ja, vielleicht. Schauen wir doch mal im Internet nach … Was soll ich denn googeln? „Tipps fürs Wochenende"?
▷ Hmm ja, oder geh doch mal auf die Seite „Stadtzeitung-online.de."
▶ Stadt – zei – tung – de. So, hier ist die Startseite: Politik, Wirtschaft, Aktuelles …
▷ Ich glaube, du musst auf „Tipps und Termine" klicken.
▶ „Tipps und Termine"? Wo denn?
▷ Hier oben.
▶ Ach ja. „Veranstaltungen am Wochenende" – perfekt.
▷ Genau. Da finden wir alle Infos.

Aufgabe 2a/b (Track 1.3)
Die Wettervorhersage für Samstag, den 11. Mai und Sonntag, den 12. Mai. Am Samstagvormittag ist es bewölkt und windig bei Temperaturen um 14 Grad. Am Nachmittag kommt zeitweise die Sonne heraus. Die Temperaturen steigen auf 21 Grad. Der Sonntag beginnt kühl mit Temperaturen um 11 Grad. Vormittags regnet es. Nachmittags ist es bewölkt, aber trocken bei Temperaturen um 18 Grad.

Aufgabe 3b (Track 1.4)
▶ Schau mal, Miguel: Internationale Filmtage im CineCenter. Das finde ich interessant!
▷ Hmhm, nicht schlecht. Oder hier: Eine Radtour zur Wartburg. Um 10 Uhr geht's los.
▶ Ich weiß nicht …
▷ Warum nicht? Wir fahren doch gerne Fahrrad.
▶ Ja schon, aber du hast doch die Wettervorhersage gehört. Am Sonntagvormittag regnet es.
▷ Stimmt. Im Regen Fahrrad fahren macht wirklich keinen Spaß.
▶ Also, gehen wir ins Kino?
▷ Ja, in Ordnung. Oder noch besser: Wir gehen zuerst zum Straßenfest und dann ins Kino.
▶ Das finde ich gut! Dann können wir auf dem Straßenfest etwas essen und müssen zu Hause nicht kochen. Super Idee.

Aufgabe 4a (Track 1.5)
▶ Rabia? Kommst du mal?
▷ Gleich. Ich bin gerade im Bad, unter der Dusche.
▶ Hier ist eine E-Mail für dich.
▷ Für mich?
▶ Ja, von … Lukas. Rabia, wer ist Lukas? Kenne ich ihn?
▷ Wer ist wer? Einen Moment, Miguel, ich verstehe dich nicht. Ich komme gleich.

Aufgabe 4d (Track 1.6)
▶ So, ich bin jetzt fertig. Was ist los, Miguel? Was guckst du so?
▷ Kann ich dich etwas fragen, Rabia?
▶ Ja, du kannst mich alles fragen.
▷ Liebst du ihn?
▶ Wen?
▷ Lukas.
▶ Natürlich. Warum fragst du?
▷ Er hat eine E-Mail geschickt. Er will dich treffen.
▶ Das ist schön. Ich habe ihn lange nicht gesehen. Vielleicht können wir ihn am Wochenende besuchen!
▷ Wir? Sag mal, Rabia, wer ist eigentlich dieser Lukas?
▶ Na, mein Neffe, der Sohn von meiner Schwester. Du kennst ihn doch. Er war letztes Jahr auf meiner Geburtstagsfeier. Weißt du noch? Er ist neun Jahre alt und liebt Fußball, Facebook und Computerspiele.
▷ Ah, der Lukas!
▶ Ja, sicher. Was denkst du denn?
▷ Ach, nichts …

Aufgabe 5a (Track 1.7)
▶ Hallo Rabia. Endlich rufst du an!
▷ Hallo Lukas. Ich habe deine Mail gerade erst gelesen. Ich möchte dich sehr gerne sehen. Miguel auch. Möchtest du uns am Samstag besuchen?
▶ Na klar, ich besuche euch gerne.
▷ Prima. Kommen deine Eltern mit? Fragst du sie mal?
▶ Sie sind nicht da, aber ich rufe sie an, okay?
▷ In Ordnung. Bis später dann.

Aufgabe 7a (Track 1.8)
Wir sind neu in der Stadt und suchen eine Wohnung. Aber wo finden wir eine?
In unserem Haus wohnen keine Kinder. Ich suche neue Freunde. Wo finde ich welche?
Oh je, ich habe Zahnschmerzen und suche einen Zahnarzt. Wo finde ich einen?
Ich habe Hunger und suche ein Restaurant. Wo finde ich eins?

Aufgabe 8 (Track 1.9)
die Veranstaltung – die Veranstaltungstipps – das Programmheft – das Stadttheater – der Benutzername – die Zeitungsanzeige – das Internetforum – die Wettervorhersage

Lektion 2

Aufgabe 1b (Track 1.10)
▶ Luisa, hallo.
▷ Hallo Karim. Bist du zu Hause?
▶ Nein, ich bin unterwegs. Ich bin gerade in der U-Bahn und fahre zum Bahnhof. Ich will meinen Papa besuchen.
▷ Ach so. Wohnt dein Vater nicht hier in Frankfurt?
▶ Nein, in Heidelberg.
▷ Na, dann muss ich heute wohl alleine zum Sport gehen …
▶ Ja, tut mir leid. Am Sonntagabend bin ich wieder in Frankfurt. Ich rufe dich dann an, okay?
▷ Alles klar. Bis dann und viel Spaß in Heidelberg.
▶ Danke.

Aufgabe 2a (Track 1.11)
▶ Entschuldigung, wie komme ich zum Flughafen?
▷ Ganz einfach. Nehmen Sie die S-Bahn. Die Linie 8 fährt zum Flughafen.
▶ Und wo ist die nächste S-Bahn-Haltestelle?
▷ Da drüben. Sehen Sie das Schild?
▶ Ah ja. Vielen Dank.

Aufgabe 2b (Track 1.12)
▶ Entschuldigung, ich möchte zum Bahnhof Frankfurt Süd. Ist das weit?
▷ Nein, das ist nicht weit. Fahren Sie mit der U4 zum Willy-Brandt-Platz. Dort steigen Sie um und nehmen die U1 in Richtung Frankfurt Süd.
▶ Wie viele Stationen sind das?
▷ Ich glaube, das sind nur zwei oder drei Stationen.
▶ Vielen Dank.
▷ Gerne.

▶ Entschuldigung, wie komme ich zur VHS?
▷ Nehmen Sie die S9 in Richtung Hanau. Steigen Sie an der Ostendstraße aus. Von dort können Sie zu Fuß gehen. Es sind nur ein paar Minuten.
▶ Danke. Ach, noch eine Frage: Wo kann ich die Fahrkarte kaufen?
▷ Am Fahrkartenautomat. Da drüben ist einer.
▶ Ah, ja. Danke.

Aufgabe 3a/b (Track 1.13)
▶ Guten Tag. Was kann ich für Sie tun?
▷ Guten Tag. Ich möchte nach Heidelberg. Wann fährt der nächste Zug?
▶ Mal sehen … Der nächste Zug fährt um 10:55 Uhr von Gleis 11.
▷ Wie lange dauert die Fahrt?
▶ 53 Minuten. Der Zug kommt um 11:48 am Hauptbahnhof an.
▷ Muss ich umsteigen?
▶ Ja, in Mannheim. Sie haben dort Anschluss um 11:35 mit dem Regionalexpress nach Heidelberg.
▷ Was kostet die Fahrkarte?
▶ Hin und zurück?
▷ Nein, nur die Hinfahrt.
▶ 28 Euro. Möchten Sie einen Platz reservieren?
▷ Nein, danke.
▶ In Ordnung, 28 Euro dann.
▷ Hier, bitte schön.
▶ 30 Euro … Vielen Dank. 2 Euro zurück und hier sind Ihre Fahrkarte und Ihr Reiseplan.
▷ Danke schön. Auf Wiedersehen.
▶ Auf Wiedersehen und gute Fahrt!

Aufgabe 3c (Track 1.14)
▶ Hallo, guten Tag. Wann fährt der nächste Zug nach Dresden?
▷ Dresden … Einen Moment … Sie können den ICE um 13:19 nehmen, Gleis 9.
▶ Wie oft muss ich da umsteigen?
▷ Nur einmal: in Leipzig. Sie sind dann um 18:38 Uhr in Dresden.
▶ Um 18:38 … Gut. Was kostet die Fahrkarte?

▶ Guten Tag. Ich brauche eine Fahrkarte nach Berlin, bitte, zum Hauptbahnhof.
▷ Gern. Der nächste Zug fährt um 12:58 von Gleis 11. Sie müssen in Hannover umsteigen.
▶ Entschuldigung, wo muss ich umsteigen?
▷ In Hannover.
▶ Und wann komme ich in Berlin an?
▷ Sie sind dann um 17:09 in Berlin.
▶ Das ist in Ordnung. Sagen Sie, gibt es vielleicht einen Spezialpreis für Senioren? Ich bin nämlich schon 79, wissen Sie. Ich besuche meine Tochter in Berlin und ...

Aufgabe 7a (Track 1.15)

Verehrte Fahrgäste, Intercity 113 nach Karlsruhe, planmäßige Abfahrt 18:20, hat heute eine Verspätung von ca. 15 Minuten. Der Grund ist eine technische Störung. Wir bitten um Entschuldigung.

Verehrte Fahrgäste am Gleis 9, ICE 563 nach Hannover, planmäßige Abfahrt 17:55, fällt heute aus. Der Grund ist eine Störung auf der Strecke. Informationen zu Ihren nächsten Reisemöglichkeiten erhalten Sie am Serviceschalter.

Verehrte Fahrgäste, dies ist eine Information zu Regionalexpress 2558 nach Limburg, planmäßige Abfahrt: 14:10 Uhr. Der Zug fährt heute NICHT von Gleis 5, sondern von Gleis 6, direkt gegenüber am selben Bahnsteig. Ich wiederhole: Der Regionalexpress nach Limburg fährt heute von Gleis 6.

Aufgabe 7b (Track 1.16)

Verehrte Fahrgäste, Vorsicht am Gleis 11! Einfahrt ICE 224 nach Basel über Mannheim, Stuttgart und Freiburg. Ich wiederhole: Vorsicht bitte am Gleis 11. Der Zug fährt ein.

Aufgabe 8a (Track 1.17)

Verehrte Fahrgäste, in wenigen Minuten erreichen wir Mannheim Hauptbahnhof. Sie haben dort Anschluss an einen Intercity nach Karlsruhe und einen Regionalexpress nach Heidelberg.

Aufgabe 8b (Track 1.18)

▶ Schönen guten Tag. Die Fahrkarten, bitte. Hallo? Entschuldigung, Ihre Fahrkarte, bitte.
▷ Hm? Oh, einen Moment. Hier, bitte.
▶ Sie wollen nach Heidelberg?
▷ Ja, richtig. Ich muss in Mannheim umsteigen.
▶ Tja, das ist jetzt leider zu spät. Der letzte Halt war Mannheim. Wir sind gleich in Stuttgart.
▷ Ach! So ein Mist. Was mache ich denn jetzt?
▶ Steigen Sie in Stuttgart aus und fahren Sie von dort weiter nach Heidelberg. Einen Moment. Ich schaue nach, wann Sie Anschluss haben ... Um 12:28 fährt ein Regionalexpress von Gleis 7.
▷ Gut, danke. Dann nehme ich den. Muss ich jetzt noch etwas bezahlen? Ich habe ja keine gültige Fahrkarte nach Stuttgart.
▶ Nein, das ist in Ordnung. Aber für die Fahrt von Stuttgart nach Heidelberg brauchen Sie schon eine neue Fahrkarte. Sie wollen ja nicht schwarzfahren.
▷ Nein, natürlich nicht. Vielen Dank.
▶ Gerne.

Aufgabe 9 (Track 1.19)

die Reisemöglichkeit – die Reisemöglichkeiten – der Anschlusszug – die Anschlusszüge – der Fahrplan – die Fahrpläne – eine technische Störung – technische Störungen – die Hin-und Rückfahrt – die Hin- und Rückfahrten

Lektion 3

Aufgabe 1a (Track 1.20)

▶ Schau mal Tayo, hier, diese Wohnungsanzeige. 4 Zimmer, Küche, Diele, Bad.
▷ Hm, 90 qm mit Balkon – im Zentrum. Das ist gut.
▶ 950 Euro kalt. Das ist aber teuer.
▷ Ja, das stimmt. Was ist mit dieser Wohnung hier?
▶ Die hat aber nur drei Zimmer.
▷ Drei Zimmer reichen doch. Und schau mal – es ist ein Neubau, sofort frei und hat sogar eine Einbauküche.
▶ Was kostet sie denn?
▷ 750 Euro, warm.
▶ Das ist ja super. Dann rufe ich gleich dort an und vereinbare einen Besichtigungstermin.

Aufgabe 2a (Track 1.21)

▶ IMH Hausverwaltung, Hellmann, guten Tag.
▷ Guten Morgen, mein Name ist Michaela Fischer. Ich habe Ihre Wohnungsanzeige in der Zeitung gelesen. Ist die Wohnung noch frei?
▶ Welche Wohnung meinen Sie?
▷ Die 3-Zimmer-Wohnung für 750 €.
▶ Ach so, die 3-Zimmer-Wohnung im Neubau mit Einbauküche.
▷ Ja, richtig. Die Wohnung kostet doch 750 € warm?
▶ Ja, das sind 670 € zuzüglich 80 € Nebenkosten.
▷ In welchem Stock befindet sich die Wohnung?
▶ Sie ist im 3. Obergeschoss, links. Wann möchten Sie die Wohnung besichtigen?
▷ Mein Mann und ich arbeiten beide und können erst ab 17.00 Uhr.
▶ Wie ist es morgen Nachmittag um 17.30 Uhr?
▷ Morgen Nachmittag passt gut.
▶ Dann treffen wir uns morgen um 17.30 Uhr. Die Wohnung ist in der Töpfergasse 6.
▷ Gut, vielen Dank und bis morgen.

Aufgabe 5a (Track 1.22)

▶ Wohin sollen wir das Sofa stellen?
▷ Stellt das Sofa bitte unter das Fenster.

▶ Was machst du mit dem Bild?
▷ Ich hänge das Bild über den Fernseher.

▶ Das ist aber eine schöne Vase.
▷ Ja, stell sie bitte auf den Tisch.

▶ Soll ich den Teppich unter den Tisch legen?
▷ Ja, leg ihn unter den Tisch.

▶ Wohin kommen die Bücher?
▷ Ich stelle sie gleich alle ins Regal.

Lektion 4

Aufgabe 2a (Track 1.23)

▶ Stadt Frankfurt am Main, guten Morgen. Hier spricht Katharina Ahrens.
▷ Ana Schmidt. Guten Morgen. Ich brauche eine Auskunft.
▶ Ja, was kann ich für Sie tun?
▷ Mein Mann und ich möchten einen Antrag auf Kindergeld stellen. Wie machen wir das?
▶ Kindergeld beantragen Sie bei der Familienkasse. Die Familienkasse ist in der Agentur für Arbeit im zweiten Stock.
▷ Wo ist das denn bitte?
▶ In der Fischerfeldstraße 10-12, direkt neben dem Theaterhaus.
▷ Ah ja. Dann weiß ich, wo das ist. Wie sind da die Öffnungszeiten?
▶ Montag von 8.00 bis 16.00 Uhr, Dienstag von 8.00 bis 12.30 Uhr und Donnerstag von 8.00 bis 18.00 Uhr.
▷ Müssen wir einen Termin machen oder können wir einfach hingehen?
▶ Sie brauchen keinen Termin. Sie ziehen dort eine Nummer und warten dann, bis Sie aufgerufen werden.

Aufgabe 2b (Track 1.24)

▶ Gut. Ich habe noch eine Frage: Muss unser Sohn Maksim mitkommen?
▷ Nein, aber Sie brauchen seine Geburtsurkunde.
▶ Ah ja. Nur die Geburtsurkunde? Oder müssen wir noch etwas mitbringen?
▷ Sie brauchen außerdem Ihren Ausweis und das Antragsformular.
▶ Das Antragsformular?
▷ Ja. Wenn Sie Kindergeld beantragen möchten, müssen Sie ein Formular ausfüllen. Das machen Sie am besten zu Hause, ganz in Ruhe.
▶ Wo bekomme ich das Formular?
▷ Sie können es von unserer Webseite herunterladen. Wenn Sie kein Internet haben, können Sie das Formular auch hier abholen.
▶ Ja, gut, das mache ich. Ich spreche aber nicht perfekt Deutsch. Was mache ich, wenn ich das Formular nicht verstehe?
▷ Wenn Sie Probleme haben, fragen Sie bei der Familienkasse nach. Die Mitarbeiter dort helfen Ihnen gerne.
▶ Gut. Dann melde ich mich einfach, wenn ich Fragen habe.
▷ Kann ich sonst noch etwas für Sie tun?
▶ Im Moment nicht, aber vielen Dank für die Auskunft.
▷ Gerne. Auf Wiederhören.
▶ Wiederhören.

Aufgabe 3b (Track 1.25)

Sie können in Deutschland studieren, wenn Sie eine Aufenthaltserlaubnis haben.

Sie müssen zur Zulassungsstelle gehen, wenn Sie ein Auto anmelden möchten.

Sie dürfen in Deutschland arbeiten, wenn Sie eine Arbeitserlaubnis haben.

Sie können den Antrag online ausfüllen, wenn Sie Internet haben.

Fragen Sie einen Mitarbeiter, wenn Sie das Formular nicht verstehen. Sie können zur Volkshochschule gehen, wenn Sie einen Sprachkurs machen möchten.

Aufgabe 5a (Track 1.26)

▶ Christian, hast du Maksims Geburtsurkunde?
▷ Ja, ich habe die Geburtsurkunde und das Formular. Brauchen wir noch etwas?
▶ Einen Moment. Ich schaue nach. Ich habe alles notiert … Die Ausweise! Wir müssen unsere Ausweise mitbringen.
▷ Ach ja, stimmt. Ist das dann alles? Oder haben wir etwas vergessen?
▶ Nein, wir haben nichts vergessen. Wir können jetzt losfahren.

Aufgabe 6b (Track 1.27)

▶ Guten Tag. Kann ich Sie etwas fragen?
▷ Ja, natürlich.
▶ Ich möchte einen Antrag auf Kindergeld stellen. Bin ich hier richtig?
▷ Ja, kommen Sie herein. Haben Sie einen Lichtbildausweis dabei?
▶ Können Sie das bitte wiederholen?
▷ Haben Sie einen Lichtbildausweis dabei?
▶ Entschuldigung. Ich verstehe das Wort nicht.
▷ Ein Lichtbildausweis ist ein Ausweis mit Foto.
▶ Ach so, jetzt verstehe ich. Hier ist mein Reisepass.

Aufgabe 7c/d (Track 1.28)

▶ Guten Tag. Was kann ich für Sie tun?
▷ Wir möchten Kindergeld beantragen, für unseren Sohn Maksim.
▶ Da sind Sie hier richtig. Haben Sie Ihre Ausweise dabei?
▷ Natürlich. Und hier ist auch Maksims Geburtsurkunde.
▶ Perfekt, vielen Dank. Das Antragsformular haben Sie auch?
▷ Ja, aber es ist nicht vollständig. Wir verstehen nicht alles.
▶ Das macht nichts. Wir füllen es zusammen aus. So, dann schauen wir mal … Der Antragsteller sind Sie: Christian Schmidt, geboren am …
▷ 11.12.1984 in Mühlheim. Meine Staatsangehörigkeit ist deutsch.
▶ Sind Sie verheiratet?
▷ Ja, Ana ist meine Frau.
□ Entschuldigung, kann ich Sie etwas fragen?
▶ Ja, natürlich.
▷ Ach, du meinst die Frage nach dem Geburtsnamen oder früheren Namen …
▶ Menschen ändern manchmal ihren Namen, zum Beispiel, wenn sie heiraten.
□ Ah, natürlich! Mein Name war früher Ana Petrova, aber jetzt heiße ich Schmidt. Mein Geburtsname ist Petrova.
▷ Genau. Ich habe meinen Namen nicht geändert. Ich heiße Schmidt, wie mein Vater und mein Großvater.
▶ Gut, Herr Schmidt. Dann schreiben wir da nichts hin. Und Sie, Frau Schmidt, wann sind Sie geboren?
□ Am 21. Juli 1986. Ich bin in Bulgarien geboren, in Sofia.
▶ Gut. Und Ihr Geburtsname ist Petrova, das haben Sie ja schon gesagt. Wie schreibt man das?
□ Mit „V“. Ich buchstabiere: P – E – T – R – O –V – A.
▶ Können Sie das bitte wiederholen?
□ P – E – T – R – O –V – A. Kann ich noch etwas fragen?
▶ Ja, bitte?
□ „Geschlecht“ bedeutet doch „Mann“ oder „Frau“, richtig?
▶ Ja, genau.
□ Also muss man „m“ für „Mann“ ankreuzen. Und „w“? Was bedeutet das?
▶ „W“ bedeutet „weiblich“ und „m“ bedeutet „Mann“ oder auch „männlich“.
□ Ah, ich verstehe.
▶ So, jetzt brauche ich noch eine Unterschrift und dann haben wir alles.

Aufgabe 8 (Track 1.29)

das Antragsformular – die Staatsangehörigkeit – männlich – weiblich – das Geburtsdatum – frühere Namen – die Familienmitglieder – die Geschwister – der Schwager – die Schwägerin – die Schwiegereltern – das Einwohnermeldeamt – die Kfz-Zulassungsstelle

Lektion 5

Aufgabe 1a (Track 1.30)

Sandro ist vor drei Jahren nach Deutschland gekommen. Wir sind gute Freunde und wohnen schon seit zwei Jahren zusammen in der WG. Karim ist noch neu hier. Er ist vor acht Monaten nach Deutschland gekommen und wohnt erst seit April bei uns. Ach ja, ich bin am längsten hier. Seit 26 Jahren lebe ich in Deutschland, also seit meiner Geburt.

Aufgabe 1b (Track 1.31)

Hallo, mein Name ist Sandro. Ich bin in Bolivien geboren und zur Schule gegangen. Vor drei Jahren bin ich nach Deutschland gekommen. Zuerst habe ich Deutsch gelernt. Dann habe ich ein Praktikum bei einer Computerfirma gemacht und seit August mache ich dort eine Ausbildung zum Techniker.

Mein Name ist Stefan. Ich bin in Deutschland geboren. Zwei Jahre habe ich als Kind in Schweden gelebt. Meine Eltern haben da gearbeitet. Ich bin dann aber hier zur Schule gegangen und habe später eine Ausbildung zum Krankenpfleger gemacht.

Ich heiße Karim. Mein Heimatland ist Syrien und ich lebe erst seit acht Monaten in Deutschland. Ich besuche jetzt einen Deutschkurs. Ich suche hier eine Arbeit, aber das ist nicht so einfach. Jetzt lerne ich für mein Deutsch-Zertifikat B1.

Aufgabe 2a (Track 1.32)

▶ Sag mal, Stefan, wie lange müssen die Kinder hier zur Schule gehen?
▷ Mindestens neun Jahre. Die meisten Kinder gehen aber zehn oder zwölf Jahre zur Schule.
▶ Welchen Abschluss macht man nach zehn Jahren?
▷ Den mittleren Schulabschluss, wir sagen auch „Realschulabschluss“. Nach 12 oder 13 Jahren macht man das Abitur. Das ist der höchste Abschluss. Wenn du das Abitur hast, kannst du an der Universität studieren. Du kannst aber auch eine Berufsausbildung machen.
▶ Und wie funktioniert das, wenn ich eine Ausbildung machen möchte?
▷ Du musst zuerst einen Ausbildungsplatz finden, also eine Firma, die dich ausbildet. Dann arbeitest du dort und lernst den Beruf. Außerdem gehst du zur Berufsschule.
▶ Berufsschule? Ich muss arbeiten und zur Schule gehen?
▷ Ja, genau. In der Firma lernst du die praktische Arbeit und in der Berufsschule die Theorie.
▶ Ich verstehe. Und wie lange dauert die Ausbildung?
▷ Meistens drei Jahre. Manchmal kann man die Ausbildung aber schon nach zwei Jahren abschließen. Am Ende musst du eine Prüfung machen. Wenn du die Prüfung schaffst, bekommst du ein Zeugnis. Und dann bist du fertig.
▶ Du meinst, ich muss nie wieder lernen und zur Schule gehen?
▷ Na ja, du kannst auch eine Weiterbildung machen und noch mehr lernen …
▶ Puh, ich weiß noch nicht. Jetzt trinken wir erst mal was. Prost!
▷ Zum Wohl! Auf das Leben, nicht auf die Arbeit!

Aufgabe 4a (Track 1.33)

In Bolivien habe ich ein Mädchen aus Deutschland kennengelernt. Sie hat dort als Au-pair gearbeitet. Wir waren verliebt, sind zusammen nach Deutschland gegangen und haben ganz schnell geheiratet – zu schnell. Nach zwei Jahren haben wir uns getrennt, aber ich bin in Deutschland geblieben. Ich habe meinen Deutschkurs abgeschlossen und habe dann einen Ausbildungsplatz gesucht. Das war nicht einfach, aber ich hatte Glück. Letztes Jahr im Mai habe ich ein Praktikum bei einer Computerfirma gemacht. Mein Chef war sehr zufrieden mit meiner Arbeit. Er hat mir einen Ausbildungsplatz angeboten und im August habe ich meine Ausbildung zum Techniker angefangen.

Aufgabe 4b (Track 1.34)

Als Kind habe ich zwei Jahre mit meinen Eltern in Schweden gelebt. Da war ich vier Jahre alt. Mit sechs Jahren bin ich in Deutschland in die Schule gekommen. Ich hatte viele Freunde und habe gern gelernt. Nach zehn Jahren Schule habe ich den Realschulabschluss gemacht. Danach bin ich ein halbes Jahr mit dem Zug durch Europa gereist. Das war genial! Ich war in Frankreich, Dänemark, Italien und in der Schweiz. Unterwegs habe ich viel gesehen und viele Leute kennengelernt. Dann bin ich aber zurück nach Deutschland gekommen und habe ein „normales“ Leben angefangen. Ich habe im städtischen Krankenhaus eine Ausbildung zum Krankenpfleger gemacht. Das hat drei Jahre gedauert. Danach habe ich eine kaufmännische Weiterbildung gemacht. Jetzt arbeite ich mehr im Büro und habe weniger Nachtdienst. Das gefällt mir gut. Ich bin mit meiner Arbeit zufrieden.

Aufgabe 4c (Track 1.35)

Ich habe in Syrien die Schule besucht. Nach dem Abitur habe ich zuerst ein Studium angefangen, aber ich habe keinen Abschluss. Mein Traumberuf war Architekt. Ich habe zwei Semester Architektur studiert. Dann ist viel passiert: Mein Vater hat seine Arbeit verloren und meine Mutter hatte einen Autounfall. Das war schlimm. Die Familie hatte plötzlich kein Geld mehr. Also habe ich mir einen Job gesucht und Geld verdient. Zuerst habe ich in einem Hotel gejobbt und dann wurde das Leben in Syrien immer schwieriger. Meine Eltern, Geschwister und ich mussten fliehen und sind jetzt alle in Deutschland. Ich möchte in Deutschland ein neues Leben anfangen. Stefan und Sandro haben mir schon erklärt, wie alles funktioniert. Hoffentlich finde ich auch bald eine Arbeit.

Aufgabe 6b (Track 1.36)

Meine Arbeit macht viel Spaß, es gibt nur ein Problem: Wir haben viele internationale Kunden und ich muss manchmal E-Mails auf Englisch schreiben. Leider ist mein Englisch nicht so gut. In der Berufsschule haben wir auch Englisch, aber im Unterricht verstehe ich kein Wort.

Deshalb möchte ich einen Englischkurs machen.
Eine berufliche Weiterbildung habe ich im Moment nicht geplant. Ich möchte aber gerne einen Kochkurs machen – am liebsten mit Sandro und Karim zusammen. Wir sind alle drei miserable Köche. Bei uns gibt's jeden Tag Salat, Grillwürstchen und Burger.
Ich möchte bald eine Arbeit finden. Deshalb muss ich lernen, wie man eine Bewerbung schreibt. Stefan sagt, eine gute Bewerbung ist in Deutschland ganz wichtig. Die Unterlagen müssen vollständig und ohne Fehler sein. Vielleicht gibt es einen Kurs, wo man das lernen kann.

Aufgabe 8a (Track 1.37)
der Ausbildungsplatz – die Berufsausbildung – der Schulabschluss – das Zeugnis – die berufliche Weiterbildung – Anfänger und Fortgeschrittene – die Kenntnisse – die Computerkenntnisse – die Vorkenntnisse – die Bewerbung – die Bewerbungsunterlagen – das Vorstellungsgespräch

Lektion 6

Aufgabe 1a (Track 1.38)
Ich arbeite in einem Restaurant. Leider kann ich hier nicht weiterarbeiten. Mein Chef geht bald in Rente und will alles verkaufen. Deshalb bekomme ich keinen neuen Vertrag. Zum Glück gibt es viele Restaurants und Cafés in der Stadt. Hoffentlich finde ich etwas. Ich wohne gerne hier und möchte nicht umziehen.

Aufgabe 1b/c (Track 1.39)
Mach doch einen Termin bei der Arbeitsagentur. Dort kannst du mit einem Berater sprechen und dich informieren.
Geh doch mal in die Stadtbibliothek und lies die Stellenanzeigen in den Zeitungen. Mittwochs und samstags gibt es immer besonders viele Stellenangebote.
Such doch im Internet nach Stellenangeboten. Das ist am einfachsten. Du meldest dich in einem Jobportal an und bekommst die neuen Stellenangebote sofort per E-Mail.

Aufgabe 2c (Track 1.40)
▶ Ich möchte mich über aktuelle Stellenangebote informieren.
▷ Da sind Sie hier richtig. Am besten sprechen Sie persönlich mit einem Berufsberater. Möchten Sie sich anmelden?
▶ Interessierst du dich auch für Aushilfsjobs? Das Hotel Aurora sucht eine Küchenhilfe.
▷ Ja, warum nicht. Wo kann ich mich bewerben?
▶ Was machst du nach dem Essen? Triffst du dich mit deinen Freunden?
▷ Nein, ich habe einen Termin bei der Berufsberatung. Ich muss mich beeilen. Der Termin ist um 14:30 Uhr.
▶ Ich interessiere mich für die für die Info-Veranstaltung. Wo kann ich mich anmelden?
▷ Sie können sich hier anmelden. Ich brauche nur Ihren Namen und Ihre Adresse.

Aufgabe 4a/b (Track 1.41)
▶ Guten Tag.
▷ Guten Tag. Setzen Sie sich doch bitte.
▶ Danke.
▷ Was kann ich für Sie tun?
▶ Ich suche eine Arbeit als Kellnerin in einem Restaurant oder Café. Kann ich mich hier über Stellenangebote informieren?
▷ Ja, da sind Sie hier richtig. Haben Sie eine abgeschlossene Ausbildung?
▶ Ja, zur Restaurantfachfrau. Ich habe in Polen gelernt. Jetzt arbeite ich seit 2013 im Restaurant Ratskeller. Ich arbeite in Teilzeit. Mein Chef will das Restaurant schließen, wissen Sie? Jetzt suche ich eine feste Stelle in einem anderen Restaurant.
▷ Ich verstehe. Das heißt, Sie arbeiten im Moment nicht?
▶ Doch, ich arbeite noch in Teilzeit im Ratskeller, aber nur 20 Stunden pro Woche. Ich möchte wieder in Vollzeit arbeiten, denn im Moment verdiene ich nicht genug.
▷ Gut. Sie suchen also eine Vollzeitstelle als Restaurantfachfrau.
▶ Ja, genau. Wenn es geht, im Stadtzentrum. Ich habe leider kein Auto. Und ich muss vormittags auch erst zum Deutschkurs.
▷ Hmm, ich schaue mal nach … Ja, hier sind einige Stellenangebote. Einige passen vielleicht nicht, aber ich drucke alle mal aus. Es gibt auch Stellen in den Nachbarstädten. Soll ich die auch ausdrucken?
▶ Nein, das ist nicht nötig. Ich möchte nicht umziehen, denn ich wohne sehr gerne hier.
▷ Ah, gut. Dann sehen wir uns nur die Stellenangebote hier aus Frankfurt an.

Aufgabe 5b (Track 1.42)
▶ So, ich habe fünf Anzeigen gefunden. Das ist leider nicht so viel.
▷ Stimmt. Aber vielleicht ist etwas dabei … Hmm, Anzeige eins ist ein Aushilfsjob. Das passt nicht, weil ich eine feste Stelle suche. Anzeige zwei passt auch nicht, weil ich keine Bäckereifachverkäuferin bin.
▶ Und was ist hier mit Anzeige drei?
▷ Ja, das klingt gut. 38 Stunden pro Woche – das ist eine Vollzeitstelle. Erfahrung im Service habe ich auch … und das Restaurant ist im Stadtzentrum. Perfekt! Da bewerbe ich mich.
▶ Schön, dann sehen wir uns jetzt noch die Anzeigen vier und fünf an. Anzeige vier ist eine Teilzeitstelle. Das passt nicht, weil Sie eine Vollzeitstelle suchen.
▷ Und Nummer fünf passt auch nicht, weil ich schon eine Ausbildung habe.
▶ Gut, dann haben wir leider nur ein Stellenangebot gefunden …
▷ Ja, aber vielleicht habe ich Glück. Ich schreibe gleich morgen eine Bewerbung.
▶ Ich wünsche Ihnen viel Erfolg! Und wenn es nicht klappt, kommen Sie noch einmal wieder. Dann suchen wir weiter.
▷ Das mache ich. Vielen Dank.

Aufgabe 9 (Track 1.43)
der Auszubildende – die Auszubildende – der Bewerber – die Bewerberin – das Bewerbungsfoto – die Beraterin – das Beratungsgespräch – die Vollzeitstelle – die Teilzeitstelle – der Aushilfsjob – der Musterlebenslauf – sympathisch und professionell – unsympathisch und unprofessionell

Lektion 7

Aufgabe 1a/b (Track 1.2)
▶ Also, ich finde, wir haben das perfekte Geschenk für Heidi gefunden. Der rote Schal ist wunderschön.
▷ Ja, der ist toll. Heidi freut sich bestimmt. Rot ist ihre Lieblingsfarbe.
▶ Meine auch. Und deine, Karim?
■ Ähm, ich weiß nicht. Ich mag Blau ganz gern …, aber egal. Komm, wir fahren nach Hause. Nachher spielt Deutschland gegen England. Das möchte ich nicht verpassen.
▶ Männer und Fußball!! Na gut. Gehen wir zum Auto. Oh, Moment mal … Seht ihr die Stiefel da im Schaufenster? Die sind aber schick. Findet ihr nicht?
■ Hm? Ja, ganz hübsch. Kommt ihr?
▷ Und sie passen perfekt zu deiner Tasche …
■ Mädels, kommt ihr?!
▶ Wartet, ich gehe mal schnell in den Laden.
■ Aber wir wollen doch los!
▶ Es dauert nicht lange. Komm, bitte …
■ Na gut. Aber nur kurz, ja?

Aufgabe 1d (Track 1.3)
▶ Siehst du den Schal da im Schaufenster? Wie findest du den?
▷ Den finde ich sehr schön, aber viel zu teuer. Guck doch mal. Der kostet 69 Euro.
▶ Stimmt. Der ist wirklich sehr teuer.

Aufgabe 2 (Track 1.4)
▶ Karim? Ach, hier bist du. Ich habe dich überall gesucht.
■ Ja, ich habe hier diese Turnschuhe gesehen. Die sind super, aber viel zu teuer. 116 Euro für ein Paar Turnschuhe. Das ist doch verrückt, oder?
▶ Ja, das stimmt.
■ Und du? Hast du die Stiefel gekauft?
▶ Nein, die waren auch zu teuer. Na ja, egal. Wir können jetzt nach Hause fahren.
■ Warte mal. Hier gibt es doch auch ein Sportgeschäft, oder? Vielleicht finde ich da ja Turnschuhe. Außerdem brauche ich ein paar Sachen für das Campingwochenende mit meiner WG: eine neue Badehose und ein Paar Flip-Flops vielleicht.
▶ Ich dachte, du willst nach Hause und Fußball gucken.
■ Ja, aber etwas Zeit haben wir noch. Komm, das Sportgeschäft ist oben.
▶ O. K., aber nur kurz, ja?
■ Natürlich. Es dauert nur ein paar Minuten …

Aufgabe 3b/c (Track 1.5)
■ Schau mal, alle Badesachen sind reduziert. Die Badeshorts kosten nur 12 Euro und die Flip-Flops 9 Euro. Ein Schnäppchen!
▶ Ja, das ist günstig. Wie findest du denn die gestreiften Badeshorts hier? Die sind doch ganz schön.
■ Ja, die gefallen mir auch. Gibt es die in Größe M?
▶ Hmm, Größe M sehe ich nicht, nur S und XL.
■ Zeig mal … Nein, die passen mir nicht. S ist zu klein und XL zu groß.
▶ Die einfarbigen Shorts gibt es aber in M, und die karierten auch.
■ Ja, die karierten sind nicht schlecht. Die nehme ich. Und die blauen Flip-Flops da drüben. Die nehme ich auch. Siehst du Größe 43?
▶ Äh …, 42, 44 … Ah, du hast Glück! Hier sind die blauen Flip-Flops in Größe 43.

■ Perfekt.
▷ Hey, gehen wir jetzt zur Kasse?
■ Ja, gleich. Wo sind denn die Turnschuhe?
▶ Da vorne, aber die sind nicht reduziert. Die kosten hier auch über 100 Euro. Außerdem hast du doch Turnschuhe.
■ Welche meinst du?
▶ Die schwarz-weißen. Die sind doch ganz gut, oder?
■ Ach ja, die sind aber schon zwei Jahre alt. Guck mal, die roten Turnschuhe hier sind doch super. Und die kosten nur 99 Euro.
▷ „Nur" 99 Euro? Das ist aber kein Schnäppchen.
■ Stimmt, aber die sind wirklich super. Die muss ich haben!
▷ Wenn du das Fußballspiel noch sehen willst, dann müssen wir jetzt wirklich gehen. Für heute haben wir genug, oder?
■ Ach, lass mal! Ich schaue mir morgen die Wiederholung an. Ich gehe jetzt zur Kasse und dann gehen wir noch etwas essen. Was meint ihr?

Aufgabe 6d (Track 1.6)
▶ Wir brauchen einen neuen Fernseher.
▷ Muss das sein? Ein neuer Fernseher ist bestimmt sehr teuer.
▶ Guck mal, da ist eine gute Kamera im Angebot.
▷ Super! Ich suche schon lange eine gute Kamera.

Aufgabe 7a (Track 1.7)
Hilfe! Mein Handy ist weg. Der Mann da hat mein Handy gestohlen. Haltet ihn fest. Polizei!

Aufgabe 9a/b (Track 1.8)
■ Wo möchtet ihr sitzen?
▶ Da am Fenster ist noch ein Tisch frei. Nehmen wir den?
■ Ja, in Ordnung.
▷ Puh! Was für ein Tag. Jetzt habe ich aber Hunger.
■ Ich auch.
□ Guten Tag.
▶ Guten Tag.
□ Kann ich Ihnen etwas zu trinken bringen?
▷ Ja, eine Cola, bitte.
□ Eine große oder eine kleine?
▷ Eine große.
■ Und ich nehme ein großes Bier.
▶ Mein lieber Freund, dann kannst du aber nicht mehr Auto fahren.
■ Stimmt. Dann nehme ich ein Mineralwasser. Oder … Kannst du nicht fahren? Ich würde jetzt wirklich gerne ein Bier trinken.
▶ Äh, ja, kein Problem. Dann fahre ich. Und ich nehme eine Apfelschorle, bitte.
■ Super. Also, ein Bier für mich, bitte.
□ Gerne. Möchten Sie auch etwas zu essen bestellen?
▶ Ja, gleich. Wir haben noch nicht in die Speisekarte geschaut.

Aufgabe 9c/d (Track 1.9)
□ So, eine große Cola für Sie …
▷ Danke.
□ … die Apfelschorle…
▶ Danke.
□ … und ein großes Bier für Sie.
■ Vielen Dank.
□ Was kann ich Ihnen zu essen bringen?
▷ Ich hätte gerne einen griechischen Salat – einen kleinen, bitte – und dann das Schnitzel mit Champignons und Bratkartoffeln.
□ Gerne. Und für Sie?
■ Ich nehme die Ofenkartoffel mit Kräuterquark und Salat.
□ Keine Vorspeise?
■ Nein, oder … vielleicht doch. Ich würde gerne die Gulaschsuppe probieren, aber … Ist die sehr scharf?
□ Sie ist nicht zu scharf, aber es ist ein bisschen Chili darin.
■ Hm, ich weiß nicht … Nein, lieber nicht, danke.
□ Möchten Sie vielleicht die Tomatensuppe probieren? Die ist nicht scharf.
■ Nein, danke. Aber ich nehme eine Nachspeise. Ähm, ich hätte gern den Apfelkuchen mit Vanilleeis.
□ Mit Sahne oder ohne?
■ Mit Sahne, bitte.
□ Gerne. Und Sie? Würden Sie auch gerne eine Nachspeise bestellen?
▷ Nein, danke. Ich mag nicht so gerne Süßes. Ich freue mich jetzt auf meinen Salat und mein Schnitzel.
□ Und was hätten Sie gerne?
▶ Ach, ich habe gar nicht so viel Hunger. Ich nehme nur ein gemischtes Eis, bitte. Ohne Sahne.
□ Kommt sofort.

Lektion 8

Aufgabe 1a (Track 1.10)
▶ Guten Tag.
▷ Guten Tag, Frau Menzel.
▶ Wir brauchen unbedingt noch Ihre Steuernummer. Könnten Sie uns die bitte mitbringen?
▷ Ja, mache ich. Ich habe sie schon herausgesucht. Was brauchen Sie denn noch?
▶ Wir haben Ihre Kontoverbindung noch nicht, und ich brauche auch noch die Informationen zu Ihrer Krankenversicherung. Hätten Sie am Donnerstag kurz Zeit? Wir könnten das alles am besten regeln, wenn Sie kurz vorbeikommen würden.
▷ Ja, gerne. Dann komme ich am Donnerstag ins Personalbüro.

Aufgabe 2b (Track 1.11)
▶ Herr García, Ihre erste Aufgabe morgen ist, dass Sie mich bei Besprechungen mit unseren Kunden unterstützen. Machen Sie bitte Kaffee für unsere Gäste, stellen Sie Wasser bereit und drucken Sie die Unterlagen aus. Ich brauche auch Informationen vom Außendienst. Die kennen die Kunden am besten. Nach der Besprechung brauche ich schnell ein Protokoll von Ihnen. Schaffen Sie das?
▷ Ja, natürlich, Frau Lott.
▶ Ab Mittwoch können Sie dann im Grafik-Team anfangen.

Aufgabe 3 a (Track 1.12)
▶ Herr García, vereinbaren Sie bitte für Mittwoch einen Termin mit unserem Kunden „Schmidt Elektrik" für eine Besprechung. Legen Sie den Termin auf den Vormittag. Am besten so um 10.00 Uhr. Ich kann gerne zur Firma Schmidt hinfahren.
▷ Gut, Frau Lott. Wie sieht es mit Ihrem Treffen am Donnerstag mit Frau Obermann von der Stadtverwaltung aus? Soll ich dafür noch etwas organisieren?
▶ Ja, bereiten Sie bitte mit unserem IT-Techniker für 15.00 Uhr den kleinen Besprechungsraum vor. Wir brauchen einen Laptop mit Internetzugang. Bitte nehmen Sie ab halb vier auch an der Besprechung teil. Sie müssen das Protokoll schreiben.
▷ Gut, soll ich sonst noch etwas machen?
▶ Ja, rufen Sie bitte heute noch Herrn Kraft von den Stadtwerken an und verlegen Sie meinen Termin von Freitag auf Montag. Ach ja, und bitte kopieren Sie bis zu Ihrem Feierabend noch diese Dokumente hier.
▷ Sehr gerne, Frau Lott.

Aufgabe 7a (Track 1.13)
▶ Herr García Fernández, gut, dass ich Sie noch erwische. Wir können gleich „du" sagen, oder?
▷ Ja, gerne. Ich heiße Miguel.
▶ Ich bin Sonja. Weißt du, Miguel, ich brauche unbedingt noch Stoff für den Newsletter. Da haben wir immer sieben Artikel und einer fehlt mir noch. Morgen muss ich fertig sein. Der Chef will noch mal drüberschauen, und … Ach, das ist wieder eine Hektik!
▷ Entschuldigung, ich verstehe nicht genau. Brauchen Sie …, äh, brauchst du eine Grafik von mir?
▶ Nein, habe ich doch gesagt. Einen Artikel brauche ich unbedingt. Du kannst doch schnell was schreiben. Einfach runtertippen. Wir biegen das dann schon hin.
▷ Äh, ja, ich helfe Ihnen…, äh, dir sehr gerne. Aber was, schreiben??
▶ Pass mal auf. Wir haben immer mal einen Artikel über neue Mitarbeiter. Ich brauche von dir nur einen kleinen Text über dich und deine Arbeit hier. So 80 Wörter; das ist genug.
▷ Ach so. Ja, das kann ich machen. Gleich morgen früh.
▶ Nein, nein, jetzt, sofort. Ich habe doch keine Zeit mehr. Und ein Foto brauche ich auch. Du bei der Arbeit. Nimm mal ein paar Mappen in die Hand, damit das echt aussieht. – So, ist doch kein Problem.
▷ Nein, kein Problem. Ich schreibe sofort etwas.
▶ Danke, du bist ein Schatz!

Aufgabe 8 a (Track 1.14)
Das Informationsmaterial, die Informationsmaterialien, der Außendienst, die Kundenbetreuung, der Arbeitsschutz, der/die Arbeitsschutzbeauftragte, der Brandschutz, der/die Brandschutzbeauftragte

Lektion 9

Aufgabe 1c/e (Track 1.15)
▶ Guten Tag, meine Damen und Herren. Ich freue mich, dass Sie da sind. Mein Name ist Kai Habermann. Ich möchte Sie heute über das deutsche Schulsystem informieren. Hier in Deutschland gibt es eine Schulpflicht. „Pflicht" bedeutet, dass alle Kinder zur Schule gehen müssen, mindestens neun Jahre lang. Die meisten Kinder kommen mit sechs Jahren in die Schule.
▷ Ähm, Entschuldigung, darf ich etwas fragen?
▶ Ja, natürlich.

▷ Gibt es auch eine Schule für ganz kleine Kinder? Mein Sohn ist erst vier und meine Tochter drei. Ich möchte, dass meine Kinder früh etwas lernen.
▶ Für kleine Kinder gibt es den Kindergarten oder die Kita. Schauen Sie mal: Ich habe Ihnen ein Schaubild gegeben. Da sehen Sie ganz unten „Kindergarten oder Kita".
▷ Ja, und da steht „freiwillig". „Freiwillig" heißt doch, die Kinder können in den Kindergarten, aber sie müssen nicht.
▶ Genau. Der Kindergarten ist keine Pflicht. Die Grundschule ist aber Pflicht. Alle Kinder müssen vier Jahre lang die Grundschule besuchen.
■ Entschuldigung?
▶ Ja, bitte.
■ Ist es richtig, dass die Grundschule nur vier Jahre dauert? In meinem Land muss man acht Jahre zur Grundschule gehen.
▶ Ja, in vielen Ländern ist das anders, aber in Deutschland sind es vier Jahre. Haben Sie sonst noch Fragen?
■ Ja, ich habe noch eine Frage: Stimmt es, dass die Schulbildung für alle kostenlos ist?
▶ Ja, das stimmt. Die meisten Schulen kosten nichts. Die Eltern müssen natürlich die Bücher bezahlen oder das Essen für die Kinder, aber kein Schulgeld. Es gibt aber auch private Schulen. Da ist das anders.

Aufgabe 1 f (Track 1.16)

▶ Gut. Wenn es keine Fragen mehr gibt, sehen wir uns jetzt ein Schaubild an. Dieses Schaubild zeigt uns das Schulsystem hier in Hessen. Sie sollten wissen, dass es von Bundesland zu Bundesland leichte Unterschiede gibt. Nach der Grundschule müssen die Eltern eine Schulform für ihr Kind wählen. Das ist nicht einfach, denn es gibt viele Möglichkeiten. Die wichtigsten sind das Gymnasium, die Realschule und hier bei uns die Hauptschule. Die Realschule endet nach der zehnten Klasse. Dann sind die Kinder ca. 16 Jahre alt. Am Gymnasium kann man noch zwei Jahre länger lernen und nach der 12. Klasse das Abitur machen.
▷ Entschuldigung, kann ich auch etwas fragen?
▶ Ja, bitte.
▷ Meine Tochter geht aufs Gymnasium, aber sie möchte kein Abitur machen. Ist es richtig, dass sie nach der zehnten Klasse aufhören kann?
▶ Ja, das geht. Nach der zehnten Klasse kann Ihre Tochter den mittleren Schulabschluss machen. Danach kann sie eine andere Schule besuchen – zum Beispiel eine Berufsschule – oder sie kann eine Ausbildung machen.
■ Ich habe auch noch eine Frage: Wie kann man sehen, auf welche Schule die Kinder gehen?
▶ Entschuldigung, ich verstehe Ihre Frage nicht. Wie meinen Sie das?
■ Ich meine: Gibt es besondere Kleidung, zum Beispiel für das Gymnasium oder die Gesamtschule?
▶ Ah, jetzt verstehe ich. Nein, es gibt keine besondere Kleidung und keine Schuluniform. Jedes Kind kann die Kleidung tragen, die es möchte.
■ Und stimmt es, dass Mädchen und Jungen zusammen lernen?
▶ Ja, das stimmt. Jungen und Mädchen gehen zusammen in eine Klasse. Nur im Sportunterricht sind sie manchmal getrennt. Als Jugendliche haben Jungen und Mädchen oft andere Interessen. Viele Jungen wollen Fußball spielen und die Mädchen möchten lieber tanzen oder turnen. Deshalb gibt es an vielen Schulen getrennten Sportunterricht – meistens ab der 7. Klasse. Haben Sie sonst noch Fragen?

Aufgabe 4 a (Track 1.17)

Heute war ein richtig blöder Tag. Wir haben eine Klassenarbeit in Mathe geschrieben, und ich konnte drei Aufgaben nicht lösen. Ich bin sicher, dass ich eine schlechte Note bekomme, aber das war nicht alles. Im Sportunterricht sollten wir Basketball spielen. Ich wollte den Ball in den Korb werfen, aber ich bin umgeknickt und hingefallen. Ich konnte nicht aufstehen. Mein Knöchel hat schrecklich wehgetan. Ich musste sofort ins Krankenhaus. Zum Glück durfte mein Bruder mitkommen. Jetzt habe ich ein Gipsbein und muss eine Woche zu Hause bleiben. Dann darf ich wieder in die Schule, aber ich kann natürlich noch keinen Sport machen. Echt blöd, was?

Aufgabe 5 d (Track 1.18)

▶ Hast du die Einladungen gelesen, Verena? Der Elternabend ist am 5. November und der Elternsprechtag auch.
▷ Na toll! Und jetzt? Wie sollen wir das schaffen?
▶ Es gibt nur eine Möglichkeit: Wir gehen zuerst zum Elternsprechtag. Du sprichst mit Oles Lehrern und ich spreche mit Tills Lehrern. Und abends gehen wir zusammen zum Elternabend in Annikas Schule.
▷ Puh, ganz schön stressig, aber O. K. Wir müssen beim Elternsprechtag auch nicht mit allen Fachlehrern sprechen.
▶ Das stimmt. Ole hatte noch nie große Probleme in der Schule …
▷ Nein, aber er ist traurig, weil er eine 5 in Mathe geschrieben hat. Deshalb möchte ich mit der Mathelehrerin sprechen.
▶ Frau Neubert? Die ist doch auch Tills Mathelehrerin. Da kannst du gleich fragen, wie Till in Mathe steht.
▷ Mache ich. Und du sprichst bitte mit Tills Englischlehrerin und dem Deutschlehrer. Die letzten Klassenarbeiten waren in beiden Fächern nicht gut. Und in Mathe hat er ja auch Probleme. Ich möchte nicht, dass Till sitzen bleibt.
▶ Ja, du hast recht. Vielleicht braucht er Nachhilfe. Bis zum Zwischenzeugnis ist ja noch Zeit. Da kann er sich noch verbessern.

Aufgabe 6 c (Track 1.19)

▶ Guten Tag, Frau Neubert.
▷ Hallo, Frau Habermann. Schön, dass Sie kommen konnten.
▶ Ja, ich möchte mit Ihnen über Ole sprechen. Er hat eine 5 in der letzten Mathearbeit geschrieben. Jetzt hat er Angst, dass er eine schlechte Note im Zeugnis bekommt.
▷ Machen Sie sich keine Sorgen. Ole ist ein guter Schüler. Er hat in der ersten Klassenarbeit eine 3 plus geschrieben und in der zweiten eine 1 minus. Ich denke, er hatte einfach einen schlechten Tag. Jeder hat mal einen schlechten Tag.
▶ Das ist richtig.
▷ Bei Till mache ich mir mehr Sorgen. Er macht oft die Hausaufgaben nicht und träumt im Unterricht. Ich sage ihm jede Woche, dass er besser aufpassen muss.
▶ Ich weiß. Till hat im Moment keine Lust auf die Schule. Er interessiert sich nur für drei Dinge: Kickboxen, Computer und Angelina, eine junge Dame aus dem Sportclub.
▷ Ich verstehe. Er ist 14. Da haben viele Schüler andere Interessen, aber jedes Kind muss auch an die Zukunft denken. Till hat bis jetzt zwei Fünfen in Mathe geschrieben. Wenn er keine 5 im Zeugnis haben will, muss er mehr lernen. Wir schreiben dieses Halbjahr noch zwei Arbeiten. Jede Note zählt.
▶ Natürlich. Ich rede mit Till. Wenn wir jeden Tag eine Stunde zusammen lernen, klappt es vielleicht.
▷ Das wäre schön.
▶ Vielen Dank für das Gespräch, Frau Neubert.
▷ Gerne. Einen schönen Tag noch. Auf Wiedersehen.

Lektion 10

Aufgabe 2 b (Track 1.20)

▶ Hallo.
▷ Hallo Tom. Hier ist Akono. Ich habe eine Frage. Kennst du einen guten Orthopäden? Ich habe starke Rückenschmerzen und mein Nacken tut auch sehr weh.
▶ Ruf am besten meinen Arzt an. Das ist Dr. Arend. Die Nummer ist 37 45 21.
▷ Gut, danke. Hast du sonst noch Tipps für mich?
▶ Leg dir ein warmes Kirschkernkissen auf deinen Nacken. Mach während der Arbeit kurze Pausen und bewege deinen Kopf.
▷ Und das hilft?
▶ Ja, ein bisschen. Aber schau mal im Internet und mach einen Yogakurs, zum Beispiel bei der VHS.
▷ Yoga?
▶ Ja, das hilft dir, deinen Nacken zu entspannen und deine Muskeln aufzubauen. Ruf auch mal bei deiner Krankenkasse an, manchmal vermitteln die auch Rückenkurse.
▷ Rückenkurse?
▶ Ja, das sind Kurse, wo man lernt, wie man im Alltag die Rückenmuskulatur stärkt. Übrigens übernimmt manchmal die Krankenkasse auch einen Teil der Kosten für diese Kurse.
▷ Wirklich? Das wusste ich nicht.
▶ Frag auch noch mal deinen Hausarzt oder Apotheker. Die können dir sicher noch ein paar Ratschläge geben.
▷ Das mache ich. Vielen Dank, Tom, für deine vielen guten Tipps.

Aufgabe 6 a/b (Track 1.21)

▶ Guten Tag. Wie kann ich Ihnen helfen?
▷ Ich habe Probleme mit dem Rücken und dem Nacken. Und ich habe starke Schmerzen.
▶ Seit wann haben Sie die Schmerzen?
▷ Eigentlich schon länger, aber seit einer Woche tut mir auch meine rechte Schulter weh.
▶ Was machen Sie beruflich?
▷ Ich arbeite im Büro, meistens am Computer.
▶ Treiben Sie Sport und machen Sie im Büro zwischendurch mal Pausen und bewegen sich?
▷ Na ja, ich gehe hin und wieder joggen, aber ich mache keine spezielle Sportart. Im Büro sitze ich den ganzen Tag vor dem Computer und in der Mittagspause gehe ich in die Kantine.

▶ Das sind Verspannungsschmerzen. Sie bewegen sich zu wenig. Ich mache Ihnen im Nacken ein Sporttape. Das nimmt Ihnen erst einmal den Schmerz. Dann gebe ich Ihnen eine Salbe für die Schultern. Damit reiben Sie die Schultern gut ein. Ich verschreibe Ihnen noch Tabletten und ich empfehle Ihnen dringend, mehr Sport zu machen. Sie können zum Beispiel einen Yogakurs machen oder einen speziellen Rückenkurs. Der Trainer zeigt Ihnen gute Übungen, die Ihnen im Alltag helfen. So können Sie Ihre Rückenmuskeln stärken. Ich schlage vor, wir sehen uns in vier Wochen wieder und Sie erzählen mir dann, ob es Ihnen besser geht.
▷ Haben die Medikamente Nebenwirkungen?
▶ Nun ja, die Tabletten können etwas müde machen. Nehmen Sie die am besten abends vor dem Schlafengehen. Haben Sie einen empfindlichen Magen?
▷ Eigentlich nicht.
▶ Gut. Manche Patienten klagen über Übelkeit. Die Salbe probieren Sie erst einmal an einer kleinen Stelle aus. Sie kann die Haut etwas reizen, wenn man empfindlich ist. Sollten Sie Probleme haben, kommen Sie bitte sofort wieder.
▷ Gut. Gibt es auch noch alternative Behandlungen?
▶ Ich kann Ihnen noch Akupunktur anbieten. Das hilft, die Muskeln zu entspannen.
▷ Übernimmt das die Krankenkasse?
▶ Manche Krankenkassen übernehmen einen Teil der Kosten. Da müssen Sie Ihre Krankenkasse fragen. Aber versuchen wir es erst einmal mit der Salbe und den Tabletten. So, hier sind die Salbe und das Rezept. Ich wünsche Ihnen gute Besserung.
▷ Vielen Dank, Herr Doktor.

Aufgabe 8 a (Track 1.22)

▶ Guten Tag, Sie sprechen mit der Saxonia Krankenkasse. Bartels mein Name. Was kann ich für Sie tun?
▷ Guten Tag, mein Name ist Akono Okoye. Ich habe eine Frage: Da ich sehr starke Rückenschmerzen habe, war ich heute beim Arzt. Der sagt, ich soll Yoga machen und am besten einen Kurs besuchen.
▶ Ja, bestimmte Yogaübungen sind gut für den Rücken.
▷ Bieten Sie denn als Krankenkasse Yogakurse an?
▶ Wir, nein. Wir geben keine Yogakurse, aber wir zahlen einen Teil der Kursgebühr.
▷ Wie kann ich denn einen Kurs finden?
▶ Nun, den Kurs müssen Sie selber suchen. Wichtig ist, dass der Yogakurs von einem anerkannten Yogalehrer oder einer anerkannten Yogalehrerin geleitet wird.
▷ Wie bitte?
▶ Nun, die Person muss eine Ausbildung zum Yogalehrer haben.
▷ Und woher weiß ich das?
▶ Am besten ist, Sie schauen erst einmal, wo es in Ihrer Nähe Yogakurse gibt. Dann können Sie den Namen des Kursleiters erfahren. Auf unserer Webseite haben wir unter dem Thema Yogakurse eine Auflistung mit allen anerkannten Yogalehrern.
▷ Oh, das ist aber kompliziert.
▶ Sie können uns aber auch anrufen und noch mal nachfragen.
▷ Hm, ja.
▶ Oder Sie machen einen Kurs in einer öffentlichen Einrichtung.
▷ Eine öffentliche Einrichtung?
▶ Ja, zum Beispiel in der Volkshochschule.
▷ Ah, o. k. Und wie geht das mit der Kursgebühr? Wie viel zahlt die Krankenkasse?
▶ Wir zahlen die Hälfte der Kursgebühr. Sie melden sich beim Kurs an und zahlen erst einmal die gesamte Kursgebühr. Am Ende des Kurses bekommen Sie dann eine Bescheinigung über die Teilnahme. Diese schicken Sie uns zu und wir erstatten Ihnen dann die halbe Kursgebühr.
▷ Ach so. Dann vielen Dank für die Information.
▶ Bitte schön. Auf Wiederhören.

Lektion 11

Aufgabe 1 (Track 1.23)

▶ Guten Morgen. Was kann ich für Sie tun?
▷ Guten Morgen. Ich möchte 200 Euro auf mein Konto einzahlen.
▶ Gerne. Haben Sie Ihre Bankkarte dabei?
▷ Hier, bitte.

▶ Guten Tag. Ich fahre bald in die Türkei und möchte Geld wechseln. Wie viel türkische Lira bekomme ich für 100 Euro?
▷ Einen Moment, bitte. Ich schaue mal nach …

▶ Entschuldigung. Ich möchte Geld von meinem Konto abheben, aber der Geldautomat funktioniert nicht.
▷ Ja, der Automat ist defekt, aber da drüben ist noch einer. Der funktioniert.
▶ Gut, danke. Dann versuche ich es dort.

▶ Wie kann ich Ihnen helfen?
▷ Ich möchte Geld nach Griechenland überweisen. Mein Bruder lebt dort.
▶ Wie viel möchten Sie überweisen?
▷ 350 Euro.

Aufgabe 2 a/b (Track 1.24)

▶ Ich möchte ein Konto eröffnen. Wisst ihr, wie das geht?
▷ Nicht so genau, aber ich habe einen Cousin, der bei einer Bank arbeitet. Den können wir fragen.
▶ Ja, gut. Sag mal, müsst ihr für euer Konto etwas bezahlen? Eine monatliche Gebühr oder so?
■ Nein, ich habe ein Konto, das kostenlos ist.
▷ Ich auch. Du, Sergej, ich muss sowieso zur Bank. Ich habe noch eine Rechnung, die ich bezahlen muss. Komm doch mit und sprich mit meinem Cousin.
▶ Gute Idee. Kommst du auch mit, Moritz?
■ Ja, ich muss zum Geldautomaten. Ich habe keine Kohle mehr …

Aufgabe 3 a/b (Track 1.25)

▶ Hey, Sergej, wie geht's?
▷ Gut, danke.
▶ Hast du jetzt ein Konto?
▷ Ja, Kikis Cousin hat mir geholfen, aber ich habe schon wieder ein Problem. Ich habe im Internet ein paar Sachen bestellt. Jetzt muss ich die Rechnung bezahlen, per Überweisung. Das habe ich noch nie gemacht. Kann mir jemand helfen?
▶ Am besten fährst du zur Bank. Da kann dir bestimmt jemand helfen.
▶ Das wollte ich machen, aber ich habe gerade kein Kleingeld in der Tasche. Kann mir jemand fünf Euro leihen, für den Bus? Ich habe schon zwei andere Freunde gefragt, aber niemand hat Geld dabei.
▷ Einen Moment … . Hier sind vier Euro. Reicht das für den Bus?
▶ Ja, ich glaube schon. Vielen Dank. Ich gebe dir das Geld am Montag zurück.
▷ In Ordnung. Ich muss jetzt los. Ich habe gleich ein Seminar.
▶ Bis später dann.

Aufgabe 6 a (Track 1.26)

▶ Ich habe hier eine Rechnung, die ich bezahlen möchte – per Überweisung. Kann mir jemand sagen, wie das geht?
▷ Ja, da kann ich Ihnen helfen. Ich gebe Ihnen ein Überweisungsformular. Das müssen Sie ausfüllen. Dann stecken Sie das Formular in den Kasten da drüben.
▶ Das ist ja gar nicht kompliziert.
▷ Nein, es ist ganz einfach.
▶ Aber das Formular hier, das ist kompliziert. Können Sie mir sagen, was „Zahlungsempfänger" heißt?
▷ Der Zahlungsempfänger ist die Person oder die Firma, die das Geld bekommt.
▶ Ah, o. k. Und was ist der Verwendungszweck?
▷ Das ist zum Beispiel die Rechnungsnummer. Die ist wichtig, weil die Firma dann weiß, wofür das Geld ist.
▶ Verstehe. Wissen Sie, wo ich die Rechnungsnummer finde?
▷ Ja, die steht auf der Rechnung. Sehen Sie, hier.
▶ Ah ja. Gut, dann versuche ich das mal. Ich kann so eine Überweisung auch online machen, oder?
▷ Ja, das geht ganz ähnlich. Eigentlich kein Problem.
▶ Vielen Dank, dann versuche ich das bei der nächsten Rechnung.

Aufgabe 7 a (Track 1.27)

▶ Entschuldigen Sie, junger Mann. Ist der Automat hier kaputt? Ich möchte einen Kontoauszug ausdrucken …
▷ Ja, dieser Automat wird gerade repariert, aber da vorne ist noch einer.
▶ Wissen Sie auch, wie der funktioniert?
▷ Sie müssen nur Ihre Bankkarte in den Automaten schieben. Sehen Sie, hier. Die Kontoauszüge werden dann ausgedruckt.
▶ Ah ja, vielen Dank.

Lektion 12

Aufgabe 1 b (Track 1.28)

▶ Guten Tag, wir sind von Radio Frankfurt aktuell. Wir machen eine Umfrage zum Thema Freizeit. Darf ich Sie fragen, was Sie am liebsten in Ihrer Freizeit machen?
▷ Was ich am liebsten mache? Hm, Sie müssen wissen, ich arbeite 40 Stunden die Woche in einem Callcenter und spreche da den ganzen Tag. Es macht mir Spaß Kunden zu beraten, aber abends will ich dann oft einfach in Ruhe abschalten. Und das kann ich am besten mit Schachspielen.
▶ Ach, das ist ja interessant, das hört man ja nicht so oft, dass junge

Leute Schach spielen. Und wie oft spielen Sie Schach?
▷ Normalerweise zweimal die Woche. Montags und donnerstags treffe ich mich mit einem Freund und wir spielen Schach. Ich genieße es sehr, mal nicht die ganze Zeit sprechen zu müssen und mich ganz auf das Spiel zu konzentrieren.
▶ Vielen Dank! Moment mal, warten Sie bitte kurz! Würden Sie uns bitte auch erzählen, was Ihr liebstes Hobby ist?
■ Ach, ich habe viele Hobbys. Ich singe in einem Chor und in den Semesterferien reise ich gerne. Aber meine größte Leidenschaft ist das Basketballspielen. Ich spiele zweimal die Woche in einem Verein Basketball.
▶ Und wie lange machen Sie das schon?
■ Schon seit zehn Jahren und die meisten aus unserem Team sind auch schon viele Jahre dabei. Es macht wirklich Spaß sich so richtig auszupowern. Ich brauche die Bewegung, denn sonst sitze ich viel herum, in Vorlesungen, in der Bibliothek und daheim beim Lesen und Lernen.
▶ Ja, das klingt nach einem guten Ausgleich zum Studium. Vielen Dank, und was machen Sie in Ihrer Freizeit?
□ Freizeit! Ja, wenn ich wirklich Freizeit hätte, dann würde ich auch wieder gerne Basketball oder Tennis spielen. Aber leider habe ich nicht genug Zeit dafür. Ich arbeite meist 60 Stunden die Woche und bin abends zu müde, um Sport zu machen.
▶ Und wie entspannen Sie? Sehen Sie fern?
□ Manchmal, aber nicht so oft. Am besten kann ich abschalten, wenn ich koche.
▶ Sie kochen? Das ist ja interessant! Und wie oft und was, wenn ich fragen darf?
□ Sicher drei- bis viermal in der Woche koche ich für meine Frau und die Kinder. Von Schnitzel über Nudeln mit Tomatensoße bis zu asiatischen Gerichten koche ich eigentlich alles Mögliche. Je nach dem, worauf wir gerade Appetit haben. Entschuldigen Sie, aber jetzt muss ich los, meine S-Bahn kommt gleich.
▶ Ja, natürlich. Vielen Dank und auf Wiedersehen!

Aufgabe 1 c (Track 1.29)
▶ Hallo. Hier ist Radio Frankfurt aktuell. Wir machen heute eine Umfrage zum Thema Freizeit. Was macht ihr in eurer Freizeit?
▷ Hallo, ich bin Simon. In meiner Freizeit spiele ich mit meinem Kumpel Sven Tennis in unserem Tennisverein. Manchmal spiele ich auch mit meinem Opa Schach.
▶ Schach, das ist ja interessant.
■ Ja, und mit seinem Opa zu spielen macht auch richtig Spaß.
▶ Was macht ihr sonst noch so?
▷ Na ja, im Sommer treffen wir uns oft mit unseren Freunden am See. Dort schwimmen oder surfen wir. Letzten Monat konnten wir sogar mit unserer Schulklasse im Schulsport einen Surfkurs machen. Das war klasse.
▶ Ja, vielen Dank, Simon und Sven.
▶ Hier sind Frau und Herr Weber. Frau Weber, was machen Sie in Ihrer Freizeit?
□ Nun, in meiner Freizeit mache ich viel Handarbeiten. Jetzt habe ich gerade einen Nähkurs in unserer VHS gemacht. Das war auch sehr schön. Sonst besuche ich jeden Montagabend mit meinem Mann einen Tangokurs in unserer Tanzschule.
▶ Oh, Sie tanzen Tango.
□ Ja, mit meinem Mann.
▶ Sind Sie ein guter Tänzer, Herr Weber?
● Nun ja, wenn ich mit meiner Frau tanze schon. Ich tanze gern mit ihr. In unserer Tanzgruppe gibt es viel bessere Tänzer, aber mit unserem Tanzlehrer lerne ich das schon.
▶ Dann drücke ich Ihnen die Daumen. Ihnen viel Glück und viel Spaß.

Aufgabe 2 a/b (Track 1.30)
Hallo. Hier ist Frankfurt aktuell. Ich habe für Sie noch ein paar Tipps fürs Wochenende: Der Segelverein Ostwind bietet am Samstag und Sonntag am Westhafen jeweils von 10.00 bis 18.00 Uhr einen Schnupperkurs im Segeln an. Kosten: 25 Euro pro Person. Anmeldungen und Infos direkt beim Verein unter: 069 – 999 777 8. Für alle, die lieber kreativ sind, bietet die Volkshochschule am Samstag einen Kreativ-Tag an. Aus alten Verpackungen, Stoffresten und anderem werden Taschen genäht, Körbe geflochten, Schmuck gebastelt und allerlei schöne Dinge gemacht. Upcycling nennt sich das. Weitere Infos unter: www.vhs.de .Und hier nun ein Tipp für alle Poetry-Slammer. In der Stadthalle findet am Samstagabend ab 18.00 Uhr der City-Poetry-Slam statt. Eingeladen sind alle, die Gedichte, Texte und Musik mögen. Der Eintritt ist frei. Am Sonntag veranstaltet das Kinderhilfswerk sein jährliches Sommerfest. Wie immer ist das Programm umfangreich: Musik, Malen, Basteln, eine große Hüpfburg und vieles mehr. Spiel und Spaß für Groß und Klein. Los geht's ab 11.00 Uhr.

Aufgabe 7 a (Track 1.31)
▶ Sollen wir am Wochenende eine Gartenparty machen?
▷ Ja, das ist eine gute Idee. Hast du einen großen Grill?
▶ Leider nein. Ich habe nur einen kleinen Grill, aber Andrej hat einen.
▷ Wir brauchen auch gute Grillkohle.
▶ Ja, und wir müssen auch kühle Getränke kaufen.
▷ Soll ich einen gemischten Salat machen?
▶ Ja gerne. Ich kann eine tolle Soße mitbringen.
▷ Gut, dann kann ich bei unserem Bäcker ein leckeres Brot kaufen.
▶ Dann müssen wir am Samstag nur noch etwas frisches Fleisch und knackige Würstchen kaufen.

Aufgabe 7 c/d (Track 1.32)
▶ Hallo Andrej. Ich wollte am Samstag eine Grillparty machen. Sandro findet die Idee auch gut. Hast du auch Lust?
▷ Ich weiß nicht. Wo willst du denn grillen?
▶ Ich habe einen kleinen Garten. Das wird bestimmt eine gemütliche Feier.
▷ Du hast einen Garten?
▶ Ja. Jeder bringt etwas mit. Sandro bringt das leckere Brot von seinem Bäcker mit. Die kühlen Getränke und das frische Fleisch kaufen wir am Samstag zusammen. Kannst du deinen großen Grill mitbringen?
▷ Nun, eigentlich wollte ich mit meiner Familie eine schöne Radtour machen oder eine gemütliche Schiffstour.
▶ Eine schöne Radtour, hm. Und eine gemütliche Schiffstour, klingt gut. Aber das könnt ihr doch auch ein anderes Mal machen. Der Sommer fängt doch gerade erst an.
▷ Gut, dann bringe ich außer dem Grill noch neue Grillsoßen mit und Olga kann den wundervollen Nudelsalat machen, den alle immer so mögen.
▶ Das ist eine tolle Idee.
▷ Aber den bunten Prospekt mit den wunderschönen Schiffstouren bringe ich auch mit. Vielleicht möchtest du oder jemand von den anderen auch mitfahren.
▶ Ja, super, dann können wir einen interessanten Ausflug planen.

Aufgabe 8 b (Track 1.33)
▶ Ich brauche einen Löffel. Bringst du mir bitte einen?
▷ Hier ist einer.
▶ Gibst du mir mal eine Schüssel?
▷ Hier ist leider keine.
▶ Sind hier irgendwo Gläser?
▷ Da drüben sind welche.
▶ Ich brauche ein Messer. Hast du eins?
▷ Ich bringe dir eins.
▶ Suchst du eine Grillzange?
▷ Ja, aber ich finde keine.
▶ Hast du ein Feuerzeug?
▷ Nein, tut mir leid, ich habe keins, aber Sandro hat eins.

Übungstest Start Deutsch 2 (Track 2.28)

Hören, Teil 1

Sie hören fünf Aussagen am Telefon.
Zu jedem Text gibt es eine Aufgabe.
Ergänzen Sie die Telefonnotizen.
Sie hören jeden Text zweimal.

Beispiel
Guten Tag, Herr Smith. Hier ist die Zahnarztpraxis Neumeier. Wir haben einen neuen Termin für Sie, und zwar am Mittwoch um 9.30 Uhr. Auf Wiederhören!

Nummer 1
Guten Tag, Herr Alkan. Hier spricht Miriam vom Institut Dr. Maier. Heute Morgen hat eine Patientin einen Termin abgesagt. Sie könnten deshalb am Freitag schon früher zur Untersuchung kommen, schon um 13 Uhr. Passt das für Sie? Rufen Sie uns doch bitte heute noch vor 17 Uhr an. Vielen Dank.

Nummer 2
Hallo Claudia, hier ist Irina. Du, ich habe eine große Bitte. Ich muss morgen unbedingt zum Einwohnermeldeamt. Am Nachmittag ist das Meldeamt leider geschlossen. Kannst du bitte am Vormittag für mich arbeiten? Das wäre wirklich super. Ich melde mich heute Abend nochmal, ja?

Nummer 3
Ja, hier Kleiber vom Sportverein. Herr Nesib, Sie haben uns Ihre Anmeldung geschickt. Das Formular ist richtig ausgefüllt, aber es fehlt die Unterschrift. Sie müssen leider zu uns kommen und das Formular noch unterschreiben. Wir sind immer nachmittags im Büro. Vielen Dank, auf Wiederhören.

Nummer 4

Guten Tag, hier spricht Cekal. Ich möchte für heute Abend um acht einen Tisch für sechs Personen bestellen. Wir möchten gerne auf der Terrasse sitzen. Ich hoffe, dass Sie noch einen freien Tisch haben. Meine Nummer ist 0662 87 99 23.

Nummer 5

Hallo Navid, hier Peter. Du musst mich nicht vom Bahnhof abholen. Ich kann mit meinem Vater mitfahren. Er bringt mich gleich zum Theater. Wir treffen uns beim Haupteingang, so gegen halb acht, okay? Wir müssen dann noch die Tickets an der Kasse abholen. Ich freue mich, bis später!

Hören, Teil 2

Sie hören fünf Informationen aus dem Radio.
Zu jedem Text gibt es eine Aufgabe.
Markieren Sie: a, b oder c.
Sie hören jeden Text einmal.

Beispiel

Es ist gleich halb sechs am Morgen – hier sind die Nachrichten aus der Region. Im Bergdorf findet am nächsten Wochenende wieder das jährliche Sommerfest statt.

Nummer 6

Liebe Hörerinnen und Hörer, das war's von uns für heute. Noch ein Hinweis: Ab Samstag läuft der neue Film Gute Freunde im Stadtkino. Wir verlosen morgen in unserer Sendung zwei Tickets. Also: Schalten Sie wieder ein und gewinnen Sie zwei Tickets für diesen spannenden Film.

Nummer 7

Wegen des schlechten Wetters haben viele Flüge Verspätung. Viele Fluggäste müssen am Flughafen warten. Auch für die, die mit der Bahn fahren, haben wir eine Meldung. Am Hauptbahnhof wird immer noch gebaut. Deshalb kommt es auch heute wieder zu Zugverspätungen. Außerdem: Viel Verkehr auf den Autobahnen: …

Nummer 8

Das Wetter in Bayern: heute vormittags noch bewölkt, am Nachmittag sonnig. Temperaturen am Tag bis 15 Grad, in der Nacht um 5 Grad. Morgen etwas Regen bei Temperaturen bis 13 Grad. Am Freitag und Samstag wieder meist sonnig mit 7 bis 11 Grad.

Nummer 9

Sparen bei RABE: Unsere Clubmitglieder zahlen diese Woche 10 Prozent weniger auf Obst und Gemüse. Auch Kunden ohne Clubkarte können sparen: Für alle Kunden gibt es günstige Angebote in der Fleischabteilung. RABE – Ihr Händler für günstige Lebensmittel.

Nummer 10

Hier noch ein Tipp: Am Wochenende findet wieder unser Musikfest statt. Bei Schönwetter spielen die Musiker auf der Bühne am Stadtplatz. Wenn es regnet, findet das Konzert in der Stadthalle statt. Für Kinder gibt es Spiel und Spaß in der alten Schule. Wir freuen uns auf viele Besucher!

Hören, Teil 3

Sie hören ein Gespräch.
Zu diesem Gespräch gibt es fünf Aufgaben.
Ordnen Sie zu und notieren Sie die Buchstaben.
Sie hören jeden Text zweimal.

Beispiel

▶ Gut, Frau Rabal, dann hätten wir fürs Erste alles besprochen. Ich würde Ihnen gerne noch kurz unsere Schule zeigen.

▷ Ja, bitte, gerne.

▶ Also, das hier war unser Besprechungszimmer. Gehen wir doch gleich noch einmal zum Eingang. Über die Treppe gleich daneben geht es hinunter ins Untergeschoss. In diesem Raum hier unten können die Schüler ihre Mäntel und Jacken ablegen. Es gibt im Untergeschoss auch Schließfächer.

Nummer 11, Nummer 12, Nummer 13, Nummer 14 und Nummer 15

▷ Wir haben noch ein großes Haus gesehen, hinter dem Schulhof. Was ist denn das?

▶ Das ist der Turnsaal. Er ist in einem anderen Gebäude untergebracht. Unser Schulgebäude ist schon sehr alt, es gab früher keinen Turnsaal. Deshalb wurde später extra einer dazu gebaut. Wir können gerne einen Blick hineinwerfen.

▷ Der ist aber auch sehr schön.

▶ Ja, ich denke, dass der Bau gut gelungen ist. Vor einigen Jahren haben wir neue Duschen installiert. So, dann gehen wir doch wieder hinauf. Hier neben dem Eingang finden Sie unseren Hausmeister, Herrn Kranz.

▷ Ich habe Herrn Kranz schon getroffen, ein sehr netter Mann.

▶ Da haben Sie recht. Im Erdgeschoss liegen dann die Klassen der Unterstufe. Und hier im Erdgeschoss haben wir auch das Lehrerzimmer, gleich gegenüber der Glastür. Aber jetzt sind wohl die meisten Lehrer in den Unterrichtsräumen. Gehen wir doch erst einmal in den ersten Stock hinauf. Zum Lehrerzimmer kommen wir besser später noch mal. Dann können Sie einige Ihrer Kolleginnen und Kollegen kennenlernen.

▷ Gerne, darauf freue ich mich schon.

▶ Ach ja, hier steht der Getränkeautomat. Daneben ist noch das Kopierzimmer. Hier, wenn Sie einen Blick hineinwerfen möchten. Nichts Besonderes, wie üblich … Dann gehen wir hinauf. Im ersten Stock liegen die Klassen der Oberstufe. Außerdem befindet sich hier im ersten Stock auch der Zeichensaal. Die Tür ist ein wenig versteckt hier hinter der großen Pflanze.

▷ Das hier an den Wänden sind wohl Schülerarbeiten?

▶ Ja, manche Arbeiten sind richtig gut! So, dann haben wir noch den zweiten Stock. Hinter der schönen Holztür hier befindet sich das Büro der Schulleitung. Die Leiterin musste ja leider weg, wie ich Ihnen schon erklärt habe.

▷ Ja. Ich habe sie schon einmal bei einer Diskussion getroffen. Und seither haben wir auch einige Male telefoniert.

▶ Im Vorraum zur Schulleitung befindet sich das Sekretariat. Schauen wir doch mal. Aha, unsere Sekretärin Frau Abels ist wohl im Haus unterwegs. Im zweiten Stock befinden sich außerdem der Physiksaal und der Biologiesaal. Und dann haben wir noch den Chemiesaal. Der ist da drüben am Ende des Ganges. Ach ja, und der Theatersaal, der liegt hier um die Ecke.

A

Abendkasse	L1
abfahren	L2
Abfahrt	L2
abgeben	L4
abheben	L11
abholen	L1
Abitur (Abi)	L5
ablegen	L5
ablehnen	L4
ablesen	L3
Ablesung	L3
abmelden	L4
Abmeldung	L4
abschalten	L12
abschließen	L3
Abschluss	L5
absetzen	L8
abstellen	L3
Abteilung	L8
Accessoires	L7
afrikanisch	L3
aggressiv	L9
ähnlich	L4
Aktivität	L11
aktuell	L1
Akupunktur	L10
alle	L1
Alternative	L10
Altglas	L3
Amt	L4
Amtsdeutsch	L4
anbieten	L5
ändern	L4
anders	L9
anerkannt	L10
Anfänger/in	L5
anfordern	L11
angeben	L8
Angehörige	L4
Angst	L9
anhaben	L7
anklicken	L1
ankommen	L2
ankreuzen	L4
Ankunft	L2
Anruf	L8
Anrufer/in	L8
Anschluss	L2
Anschlusszug	L2
Anschrift	L4
Ansprechpartner/in	L6
Antrag	L4
Antragsteller/in	L4
Anweisung	L10
Apfelschorle	L7
App	L1
Appetit	L12
Arbeitgeber/in	L8
Arbeitsagentur	L4
Arbeitsauftrag	L8
Arbeitsbeginn	L8
Arbeitserlaubnis	L4
Arbeitslosengeld	L4
Arbeitsplatz	L4
Arbeitsschutz	L8
Arbeitsvermittlung	L4
Arbeitsvertrag	L8
Architektur	L5
ärgern	L12
Armut	L11
asiatisch	L12
Aubergine	L7
Aufenthalt	L4
Aufenthaltserlaubnis	L4
aufheben	L11
aufhören	L9
Auflistung	L10
aufpassen	L9
aufrufen	L4
aufschließen	L3
Aufzug	L8
Ausbildungsplatz	L4
ausblenden	L2
ausdrucken	L11
ausfallen	L2
Ausflug	L12
ausführen	L3
ausgeben	L3
ausgezeichnet	L12
Ausgleich	L12
Aushilfsjob	L6
Ausland	L5
Ausländeramt	L4
Ausländerbehörde	L4
ausmachen	L8
ausreichend	L9
Ausrüstung	L7
aussehen	L6
Außendienst	L8
außer	L12
Aussicht	L12
aussteigen	L2
aussuchen	L1
Ausweis	L4
ausziehen	L3
Auszubildende (Azubi)	L6
Autofahren	L2
Automat	L2
Autounfall	L5

B

Babyartikel	L7
Babysitter/in	L12
Bäckereifachverkäufer/in	L6
Badesachen	L7
Bahnfahren	L2
Bahnsteig	L2
Band	L12
Bankkarte	L11
Bankkaufmann/Bankkauffrau	L11
Bankleitzahl	L11
Bankschalter	L11
bar	L11
Bargeld	L11
bargeldlos	L11
Bart	L7
Basis	L11
Basketball	L12
basteln	L12
beachten	L3
beantragen	L4
bearbeiten	L4
Beauftragte	L8
bedanken	L6
bedeuten	L3
bedienen	L6
beeilen	L6
beenden	L5
befriedigend	L9
begleichen	L11
begründen	L6
Begrüßung	L9
Behandlung	L10
Behörde	L4
Beinbruch	L3
Bekleidung	L7
belegen	L10
Benutzername	L1
beraten	L9
Beratung	L5
Beratungsgespräch	L6
berechnen	L11
Bereich	L5
bereit	L8
bereitstellen	L8
Bericht	L9
Berufsausbildung	L5
Berufsberatung	L4
Berufsfeld	L6
Berufsinformationszentrum	L4
Berufskolleg	L9
Berufsschule	L5
berufstätig	L3
Berufswunsch	L9
Bescheinigung	L10
Beschwerde	L3
besichtigen	L3
besonders	L5
besprechen	L8
Besprechung	L8
Besteck	L12
bestellen	L1
Bestellnummer	L11
Bestellung	L11
bestimmt	L7
betätigen	L8
betreffen	L8
bewahren	L8
bewegen	L8
Bewerber/in	L6
Bezirk	L3
BIC	L11
bieten	L6
Bildschirm	L8
Bildungsweg	L5
Biologie	L9
Biomüll	L3
Biotonne	L3
bitten	L2
Blick	L11
blond	L7
Boden	L10
Brand	L8
Brandbekämpfung	L8
Brandfall	L8
Brandmelder	L8
Brandschutz	L8
braten	L7
brennen	L8
Brett	L3
Briefkasten	L3
Broschüre	L11
buchen	L2
Buchhaltung	L8
bummeln	L7
Bundesland	L9
bunt	L7
Büroorganisation	L5

C

Camping	L7
Champignon	L7
Chaos	L5
chatten	L1
Chemie	L9
Chor	L12
Cousin/e	L4
Currywurst	L7

D

dabei	L4
dagegen	L10
daheim	L12
damals	L9
Dame	L7
damit	L10
danken	L8
darin	L7
darum	L3
dass	L3
Datei	L1
Dauer	L2
Daumen	L12
Decke	L5
defekt	L2
deshalb	L2
deutlich	L8
dich	L1
dick	L7
Dieb/in	L7
dieselbe	L9
Ding	L7
Diplom	L9
diskutieren	L1
Dokument	L4
drehen	L2
drüben	L2
drucken	L1
drücken	L11
Duft	L7
dünn	L7
Duschgel	L7

E

echt	L8
Ecke	L3
egal	L7
Ehepaar	L7
Ehepartner/in	L4
Eheschließung	L4
eigen	L11
Einbauküche	L3
eindecken	L6
Einfahrt	L2
einfarbig	L7
Eingabe	L11
eingeben	L11
Einlass	L12
einrichten	L3
einsteigen	L2
Eintritt	L1
Einweihungsparty	L3
Einweisung	L8
Einwohnermeldeamt	L4
Einwurfzeit	L3
einzahlen	L11
einziehen	L3
Einzug	L3
Eiswürfel	L10
Elektrik	L8
Elektronik	L7
Elternabend	L9
Elternsprechtag	L9
empfehlen	L1
Empfehlung	L1
empfindlich	L10
Ende	L5
Energie	L5
engagieren	L10
Englischlehrer/in	L9
Enkel/in	L4
Enkelkind	L4
enthalten	L5
entlang	L12
entscheiden	L5
entschuldigen	L4
entsorgen	L3
entspannen	L10
Entspannung	L10
Entwurf	L8
Erdkunde	L9
erfahren	L10
erfolgen	L3
erforderlich	L5
erhalten	L2
erlauben	L8
erledigen	L11
eröffnen	L11
erreichen	L2
erstatten	L10
erwarten	L8
erwischen	L8
etwa	L9
Event	L12

F

Fach	L9
Fachhochschule	L9
Fachhochschulreife	L9
Fahrkartenschalter	L2
Fahrplan	L2
Fahrradhelm	L7
Fahrradständer	L3
Familienbuch	L4
Familienkasse	L4
Familienmitglied	L4
fantastisch	L7
Fast Food	L7
fehlen	L4
Fernbus	L2
Fernwärme	L3
Feuerlöscher	L8
Feuerzeug	L12
Filiale	L11
Finanzamt	L4
fit	L10
Fitness	L5
Flamme	L8
fliegen	L2
fliehen	L5
Flipflops	L7
flirten	L1
Flohmarkt	L1
Flugzeug	L2
Fluss	L9
folgen	L8
folgend	L11
formell	L9
formulieren	L11
fortgeschritten	L5
Forum	L1
Fotograf/in	L9
freiwillig	L9
Freizeit	L12
Freizeitaktivität	L12
Freizeitangebot	L12
Freizeitvergnügen	L12
Frisör/in	L5
frittieren	L7
funktionieren	L1

G

Gabel	L12
Gas	L3
Gassi gehen	L3
Gastronomie	L12
gebraucht	L1
Gebühr	L11
Geburt	L4
Geburtsdatum	L4
Geburtsland	L4
Geburtsname	L4
Geburtsort	L4
Geburtsurkunde	L4
Gedicht	L12
gefährden	L8
Gegensatz	L12
gehören	L3
Geiger/in	L12
Geldautomat	L11
Geldbörse	L11
Geldstück	L11
gemischt	L12
Gemüselasagne	L7
genehmigen	L4
genial	L5
genießen	L11
genug	L6
gepunktet	L7
Gericht	L7
gesamt	L10
Gesamtschule	L9
Geschichte	L9
Geschirr	L12
Geschlecht	L4
gesondert	L3
gestalten	L8
gestreift	L7
gesund	L8
gesundheitlich	L10
gewinnen	L11
Gipsbein	L9
Girocard	L11
Girokonto	L11
Glascontainer	L3
glatt	L7
Glatze	L7
Glück	L9
Glückspfennig	L11
Gold	L7
googeln	L1
Grafik	L8
Grafiker/in	L8
griechisch	L7
Grill	L12
Grillkohle	L12
Grillplatz	L12
Grillsoße	L12
Grillzange	L12
Grund	L2
Grundschule	L6
Gulaschsuppe	L7
Gürtel	L7
Gymnasium	L9
Gymnastik	L10

H

Haarpflege	L7
Halbjahr	L9
Halt	L2
Handgelenk	L10
handwerklich	L6
Hauptgericht	L7
Hauptschule	L9
Hausbewohner/in	L3
Hausmeister/in	L3
Hausmittel	L10
Hausordnung	L3
Hausregel	L3

Hausreinigung	L3
Hausverwaltung	L3
Haut	L10
Hautpflege	L7
Hektik	L8
herausfinden	L1
heraussuchen	L8
herein	L4
herrlich	L12
herum	L12
herunterladen	L1
herzlich	L3
hiermit	L10
hierzu	L10
hin	L2
hinfahren	L8
Hinfahrt	L2
hinfallen	L9
hingehen	L4
hoch	L3
hochladen	L1
hochlegen	L10
Hof	L3
hoffen	L3
hoffentlich	L5
höflich	L8
holen	L10
Holz	L6
hübsch	L7
Hufeisen	L11

I

IBAN	L11
indirekt	L11
Informatiker/in	L6
informieren	L1
Innenstadt	L11
Integration	L4
Integrationskurs	L4
Integrationsverein	L9
interessieren	L12
international	L1
Internet	L1
Internetzugang	L8
Interviewpartner/in	L12
irgendwo	L12

J

jährlich	L12
jederzeit	L11
jemand	L3
jeweils	L12
jobben	L5
Jugendliche	L9
Junge	L9

K

Kabelsalat	L8
Kamera	L7
kariert	L7
Kategorie	L5
kaufmännisch	L5
Kellerzugang	L3
Kenntnisse	L5
Kennwort	L1
kennzeichnen	L8
Kerze	L8
Kindergeld	L4
Kindertagesstätte (Kita)	L9
Kinderwagen	L3
Kinokarte	L1
klagen	L10
Klasse	L9
Klassenarbeit	L9
Klassenlehrer/in	L9
Kleeblatt	L11
Kleingeld	L11
Kleinmöbel (Pl.)	L3
klicken	L1
knackig	L12
Kneipe	L6
Knöchel	L9
Kommentar	L1
Kommode	L3
Kommunikation	L5
kommunizieren	L10
kompakt	L5
Kompliment	L7
kompliziert	L10
Konto	L8
Kontoauszug	L11
Kontoinhaber/in	L11
Kontonummer	L11
Kontostand	L11
Kontoverbindung	L8
kontrollieren	L11
konzentrieren	L12
Kopfhörer	L7
kopieren	L8
Korb	L9
Kosmetiktasche	L7
Kostenerstattung	L10
kostenfrei	L6
kostenlos	L1
Kostenübernahme	L10
Kraft	L8
Krawatte	L7
Kreditinstitut	L11
Kreditkarte	L11
Küchengerät	L7
Küchenhilfe	L6
kühlen	L10
Kulturcafé	L1
Kumpel	L12
Kundenbetreuung	L8
Kundennummer	L11
Kundenreferenz	L11
kündigen	L3
Kunst	L9
Kursgebühr	L5
kürzen	L5
Kurzprogramm	L5

L

Laden	L11
Laptop	L8
Laufbahn	L6
laufen	L7
Lebenslauf	L6
Lebenspartner/in	L4
Lebensweg	L5
legen	L3
Lehre	L5
Lehrmaterial	L5
Leidenschaft	L12
leidtun	L3
leihen	L10
Leistung	L11
Leser/in	L1
Lichtbildausweis	L4
Lieblingsfach	L9
Lieblingsfarbe	L7
Lieferant/in	L3
liefern	L3
lockig	L7
Löffel	L12
löschen	L1
lösen	L9
losfahren	L4
lückenlos	L6
Lust	L9

M

Mädchen	L9
mailen	L1
Make-up	L7
Makler/in	L3
malen	L12
manche	L10
mangelhaft	L9
männlich	L4
Marketing	L8
Massage	L10
massieren	L10
Material	L5
Mathearbeit	L9
Maus	L7
Meditation	L10
Mehrfachsteckdose	L8
Meinung	L9
meist	L12
melden	L6
Menge	L11
Messer	L12
mich	L1
Mieter/in	L3
Mineralwasser	L7
miserabel	L5
Mitarbeiter/in	L2
Mitbewohner/in	L3
mitfahren	L12
mitkommen	L1
mitmachen	L1
mitnehmen	L2
mitschreiben	L8
Mitteilung	L3
Mittelschule	L6
mittlere	L5
mobil	L11
Modedesigner/in	L6
Modegeschäft	L7
Modeschmuck	L7
monatlich	L11
Müllabfuhr	L3
Münze	L11
Muskel	L10
Muster	L6

N

Nachbarschaft	L3
Nachbereitung	L8
nachher	L7
Nachhilfe	L9
Nachricht	L3
nachschauen	L1
Nachtisch	L3
nah	L2
Nähe	L3
nähen	L12
nämlich	L2
Naturkosmetik	L7
Navigationsgerät (Navi)	L7
Nebenwirkung	L10
Neffe	L1
nennen	L8
nervös	L1
Newsletter	L1
Nichte	L4
niemand	L11
normal	L9
normalerweise	L12

Note L9
notieren L4
nötig L6
Nulltarif L11
Nummer L2
nutzen L11

O

ob L6
oben L1
Oberschule L9
Ofen L7
Ohrring L7
olympisch L9
Online-Banking L11
Open-Air-Konzert L12
Option L2
ordnungsgerecht L3

P

Parfümerie L7
passieren L2
Pech L2
Personalabteilung L8
Personalausweis L4
Personalbüro L8
Personalleiter/in L8
persönlich L6
Pfanne L7
Pfennig L11
Pflicht L9
Physik L9
Pilates L10
Pilot/in L9
PIN L11
planmäßig L2
Planung L9
plötzlich L7
Poetry-Slam L12
Politik L1
Polizist/in L7
preiswert L2
prima L1
privat L3
professionell L6
Programm L1
Prost L5
Protokoll L8
Prüfung L5
Prüfungstraining L5

Q

Quatsch L11

R

Radtour L1
Rat L10
Ratschlag L8
reagieren L8
Realschulabschluss L5
Realschule L9
Rechnung L11
Rechnungsbetrag L11
Rechnungsnummer L11
Rede L9
Regel L8
Regen L1
Regenschirm L1
Regie L12
reich L11
reichlich L3
Reichtum L11
Reihenfolge L1
Reinigungsarbeiten L6
Reisemöglichkeit L2
reisen L5
Reisepass L4
Reiseziel L2
reizen L10
Religion L9
Rente L6
reservieren L1
Reservierung L1
Respekt L11
Restaurantfachmann/-frau L6
Restmüll L3
Rettungswagen L8
rhythmisch L5
Richtung L2
Rolle L1
Rückenmuskulatur L10
Rückfahrt L2
Rückfrage L8

S

Saal L12
Schach L12
schaffen L5
Schaffner/in L2
Schafskäse L7
scharf L7
Schaubild L9
schauen L7
Schaufenster L7
Schein L11
schick L7
schieben L11
Schild L2
schlachten L11
schlafengehen L10
schlagen L10
schlank L7
schließlich L3
Schmerztablette L10
Schmuck L7
Schnäppchen L7
Schnitzel L7
Schnupperkurs L12
Schnurrbart L7
schonen L3
Schornsteinfeger/in L11
schrecklich L9
Schrei L7
Schuhgröße L7
Schulform L9
Schulleiter/in L9
Schulpflicht L9
Schulsystem L9
Schulzeit L5
Schüssel L12
schwarzfahren L2
Schwellung L10
Schwiegereltern L4
schwierig L2
segeln L12
seit L5
Sekretariat L8
selber L10
selbst L9
Semester L5
Senior/in L2
separat L5
Serviceschalter L2
setzen L3
Shorts L7
Sicherheit L8
Sieg L12
Silber L7
sinken L1
Situation L5
Smartphone L1
Snack L7
sogar L3
sondern L2
sorgen L3
sorgfältig L3
Sozialpädagoge/-pädagogin L9
sparen L2
Sparkonto L11
Sparschwein L11
spätestens L11
Spaziergang L3
speichern L1
spezial L6
speziell L10
Spiegel L3
Spielfeld L12
Spielwaren L7
Spielzeug L1
Sportart L10
Sportergebnis L12
Sportplatz L12
Sportunterricht L9
Sportverein L10
Staatsangehörigkeit L4
städtisch L5
ständig L10
stärken L10
starten L1
Startseite L1
Station L2
statt L6
Steak L7
Steckdose L8
stecken L11
stehlen L7
steigen L1
Stelle L6
Stellenangebot L6
Stellensuche L6
Stellplatz L3
Steuer L8
Stiefel L7
Störung L2
stoßen L11
Strafe L2
Straßenfest L1
Strecke L2
streng L9
Struktur L6
surfen L12
Süßigkeiten L7
Symbol L1
sympathisch L6

T

Tagesordnung L9
TAN L11
Tango L12
Tänzer/in L12
Tanzkurs L10
Taste L11
Täter/in L11
Tattoo L7
tauschen L1
Team L4
Teelicht L8
Teenager L9
Teil L4
Teilnahme L10
Teilnahmebescheinigung L10

teilnehmen	L9
Teilzeit	L6
Teilzeitstelle	L6
telefonisch	L10
Temperatur	L1
Terminplanung	L5
Test	L5
Theater	L1
Thema	L5
Theorie	L5
Therapie	L10
Tiefgarage	L3
Tier	L9
Tierpfleger/in	L9
tippen	L6
Tippfehler	L6
Tischdecke	L12
Tischdekoration	L12
Tischler/in	L6
Toaster	L7
Tonne	L3
Trainer/in	L10
trainieren	L5
Training	L5
träumen	L9
traurig	L9
Treffpunkt	L1
treiben	L10
trennen	L3
Treppe	L3
Treppenhaus	L3
Trick	L5
trotzdem	L12
turnen	L9
Tüte	L10

U

Übelkeit	L10
üben	L6
Überfall	L11
überfallen	L11
überlasten	L8
übernehmen	L3
Überraschung	L5
Überschrift	L5
übersenden	L10
Übersiedlung	L6
Überwachungskamera	L11
überweisen	L10
Überweisung	L11
Überweisungsformular	L11
übrigens	L10
umfangreich	L12
Umfrage	L12
Umkleide	L12
umknicken	L9
umschreiben	L5
umsteigen	L2
Umwelt	L2
umziehen	L3
Umzug	L3
Umzugskarton	L3
unbürokratisch	L8
unfair	L9
ungarisch	L7
ungenügend	L9
Uniform	L9
unprofessionell	L6
unsympathisch	L6
unten	L9
unterhalten	L12
Unterlagen	L4
unternehmen	L1
Unterschied	L9
unterschreiben	L4
unterstützen	L8
Unterwäsche	L7
unterwegs	L2
unzufrieden	L6
Urkunde	L4

V

Vanilleeis	L7
Variante	L9
Vase	L3
Vegetarier/in	L7
vegetarisch	L7
Verabredung	L1
verabschieden	L8
Verabschiedung	L10
veranstalten	L12
Veranstaltung	L1
Veranstaltungshinweis	L12
Veranstaltungstipp	L1
verbessern	L8
Verbindung	L2
verboten	L8
Verbraucherzähler	L3
verbringen	L12
verehrt, verehrte	L2
vereinbaren	L3
Vergangenheit	L9
Verhalten	L8
verlegen	L8
verlieben	L5
verlieren	L5
vermeiden	L8
Vermeidung	L8
vermieten	L3
Vermieter/in	L3
vermitteln	L10
Verpackung	L12
verpassen	L2
verrückt	L6
verschlafen	L2
verschreiben	L10
Versicherung	L8
Versicherungsnehmer/in	L10
Versicherungstarif	L10
Verspannung	L10
verspätet	L2
Verspätung	L2
Versuch	L11
verteilen	L12
Vertrieb	L8
verwenden	L8
Verwendungszweck	L11
Vokabeltest	L9
Volleyball	L6
Volleyballspiel	L12
vollständig	L4
Vollzeit	L6
Vollzeitstelle	L6
Voraussetzung	L6
vorbeikommen	L8
vorbereiten	L8
Vorbereitung	L5
vorhanden	L3
Vorkenntnisse	L5
Vorlage	L6
Vorlesung	L12
Vorschlag	L1
Vorschrift	L8
Vorsicht	L2
Vorstellungsgespräch	L5
Vorteil	L11
Vortrag	L9

W

während	L10
wandern	L7
Wanderschuh	L7
Wärmflasche	L10
Webseite	L4
Wecker	L7
wegen	L3
weggehen	L10
weglaufen	L11
weiblich	L4
weil	L3
Weiterbildung	L5
weiterhin	L3
Welt	L1
wenig	L2
Werbeagentur	L8
Werbeflyer	L8
Werbetexter/in	L8
werfen	L9
Wettervorhersage	L1
wiederholen	L4
wirklich	L7
Wirtschaft	L1
wohl	L2
Wohngemeinschaft	L3
Wohnungsbesichtigung	L3
wunderbar	L7
wundervoll	L12
Wunsch	L3
Würstchen	L1

Y

Yoga	L5

Z

Zähler	L3
Zahlungsempfänger/in	L11
Zeitmanagement	L5
Zeitschrift	L2
Zeitungsartikel	L11
zeitweise	L1
Zertifikat	L5
Zeuge/Zeugin	L11
Zeugnis	L5
Zoo	L2
zubereiten	L7
Zucchini	L7
zufrieden	L5
Zugang	L3
zuhören	L1
Zulassungsstelle	L4
zuletzt	L3
zurückgeben	L11
zuschauen	L1
zuständig	L4
zuverlässig	L6
zuzüglich	L3
zwischendurch	L10

telc

Einfach gut!

Deutsch für die Integration A2

Lehrerhandbuch

Das Lehrwerk **Einfach gut!**

- ist eine vollständige Neuentwicklung für den Einsatz in Integrationskursen.
- setzt das BAMF-Rahmencurriculum für Integrationskurse konsequent um.
- bereitet optimal auf den *Deutsch-Test für Zuwanderer* vor.

Unterrichtsvorbereitung leicht gemacht:

- Vorschläge pro Lektion zum Unterrichtsablauf
- zusätzliche Übungs- und Variationsmöglichkeiten
- Hinweise zur Prüfungsvorbereitung
- Tipps zur Binnendifferenzierung
- Lösungen zu den Übungen aus dem Kursbuch
- Transkripte der Hörtexte aus dem Kursbuch
- Wissenswertes über das methodisch-didaktische Konzept

Top-Tipps für den Unterricht

9 783946 447139

www.telc.net